新时代背景下企业人力资源管理研究

张景亮 著

吉林科学技术出版社

图书在版编目（CIP）数据

新时代背景下企业人力资源管理研究 ／ 张景亮著
. -- 长春 ：吉林科学技术出版社，2019.12
　　ISBN 978-7-5578-6592-4

　Ⅰ．①新… Ⅱ．①张… Ⅲ．①企业管理－人力资源管理－研究 Ⅳ．①F272.92

中国版本图书馆CIP数据核字(2019)第285956号

新时代背景下企业人力资源管理研究

著　　张景亮
出 版 人　李　梁
责任编辑　孙　默
装帧设计　李　天
开　　本　787mm×1092mm　1/16
字　　数　170千字
印　　张　13.5
版　　次　2020年4月第1版
印　　次　2020年4月第1次印刷

出　　版　吉林科学技术出版社
发　　行　吉林科学技术出版社
地　　址　长春市龙腾国际出版大厦
邮　　编　130021
发行部电话/传真　0431-85635177　85651759　85651628
　　　　　　　　　　85677817　85600611　85670016
储运部电话　0431-84612872
编辑部电话　0431-85635186
网　　址　www.jlstp.net
印　　刷　三河市元兴印务有限公司

书　　号　ISBN 978-7-5578-6592-4
定　　价　80.00元

PREFACE 前言

　　人力资源是一种特殊的资源，它具有不可替代性和高增值性的特点。如何拥有一批相对稳定、有知识、有能力的人才队伍，是企业发展战略的重要组成部分。本书首先阐述了人力资源与人力资源管理、人力资源规划、人力资源开发与人员培训等人力资源相关理论，然后在此基础上对企业管理的相关内容进行了分析。

　　本书在编写过程中，参阅了不少专家、学者论著和有关文献，在此谨向他们表示衷心的感谢！

　　由于水平有限，错误和不当之处在所难免，敬请读者不吝批评指正。

Contents 目录

第一章　　人力资源管理导论

第一节　　人力资源概述

首先，进行人力资源管理，就要对人力资源有一个较为准确的了解。具体包括人力资源开发与管理的研究对象和基本概念。而要了解人力资源的概念，就要先了解资源。

一、　资源和人力资源

（一）　资源概述

1．资源及其类型

资源是某种可以加以利用，并给予人们提供资助或满足人们需要的一切要素。

从某种意义上讲，可以说资源是一个经济概念。它是用来进行价值增值的财富。资源的独特之处，就在于其具有价值增值性，即资源利用者通过把各种资源投入活动过程中，可以获得更大的价值。资源的涵盖面积极其广泛。我们可以从不同的角度。按照不同的标准，对资源进行分类。资源可以分为不同的类型：无形资源和有形资源，现实资源和潜在资源，自然资源和人力资源等。

2．人类和资源

自从人类社会产生以来，人类便在不断地创造和积累财富。社会财富的来源包括两类：一类是来自自然界的自然资源；另一类是来自人类自身的知识和体力所产生的资源，即人力资源。

（1）人类最早认识和重视的资源是自然资源。自然资源是自然界蕴藏的土地、水、海洋、矿产、能源、森林、草地、物种和气候等方面的资源。自然界的自然资源，有些已被人类开发、利用成为社会物质财富的源泉，有些还未被人们认识、发现、利用和改造，因而是潜在的资源。在劳动中，人类运用生产工具作用于劳动对象，生产出满足人类需要的使用价值，形成了社会财富。而生产工具是人类器官的延长和放大，手工劳动时期科学技术水平还比较低下，人类智慧转移到物质产品上的附加值，尚未优胜于自然资源在劳动产品本身的价值。因此在相当长的历史时间里，人们并未充分认识自身人力资源的价值。在人们眼里，一个物质产品有无使用价值以及价值的大小，主要取决于构造该产品的自然资源而不取决于人力资源的知识和智慧。比如，在人类原始社会前期，人们以采集现成天然产物为主，这样就把自然资源当作人类物质生活和社会财富的唯一源泉。后来，人们学回了经营畜牧业和农业，这些产物的发展证明了人类的智慧可以改变自然界某些物种的形态、性质和用途。但畜牧业和农业的对象和产品仍然是社会财富的主要内容和重要来源，而不是人的知识和技术。

（2）人力资源逐渐成为首要资源。工业革命开始了人类的文明时代，科学技术有了长足的进步、机械化、电器化逐渐代替了手工工具和手工操作，社会财富空前地增加，在这其中人力资源的作用开始凸显出来；但这时社会财富的主要源泉仍是自然资源和有形资本。经济增长的基本因素是自然资源、劳动力和资本。这时期，不管资金密集型还是劳动力密集型的经济都以开发、利用和消耗自然资源为主要特征。经济发展主要取决于对自然资源的占有和配置。因此，在这一时期，形成社会财富的主要源泉仍是自然资源而不是人力资源。如机器制造业、汽车制造业、冶炼业等传统产业都是依靠自然资源的大量消耗而发展起来的。

20世纪70年代以来，在现代科学技术和生产力的高度发达的条件下，知识和技术逐渐成为第一生产力，人类智慧转移到或附加在物质产品上的附加值也越来越多，人们用以满足自身需要的使用价值越来越多地集中于人类自身的智慧，而不仅仅是产品包含的由自然资源带来的物质内容。同时，在创造社会财富方面，虽然自然资源始终都是重要的资源，但如何合理开发利用自然资源，为社会财富

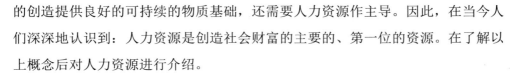

的创造提供良好的可持续的物质基础，还需要人力资源作主导。因此，在当今人们深深地认识到：人力资源是创造社会财富的主要的、第一位的资源。在了解以上概念后对人力资源进行介绍。

（二） 什么是人力资源

1．人力资源的内涵

1954 年，彼得·德鲁克在《管理的实践》一书中提出"人力资源"一词。德鲁克认为，人力资源和其他所有资源相比较而言，唯一的区别就是人的资源；人力资源拥有其他资源所没有的素质，即协调能力、融合能力、判断力和想象力；人力资源只能自我利用，人对自己是否工作绝对拥有完全的自主权。

在人力资源这一概念产生以后，对它的含义的争论从来没有停止过，国内学者有关人力资源的定义不下十余种。概括起来可以分为以下 6 类：

（1）人力资源是指一个国家或地区有劳动能力的人口的总和。

（2）人力资源是指能够推动整个经济和社会发展的劳动者的能力。

（3）人力资源是指具有智慧劳动能力和体力劳动能力的人的总和。

（4）人力资源是指包含在人体内的一种生产能力。

（5）人力资源是指能够推动整个经济和社会发展的具有智力劳动能力和体力劳动能力的人们的总和。

（6）人力资源是指一切具有为社会创造物质文化财富、为社会提供劳务和服务的人。

综合以上各种理解，我们认为：人力资源也可以称为劳动力资源、劳动资源、人类资源。从本质上看，人力资源是一个集合概念，人力资源是人所拥有的劳动能力、是存在于人体中的经济资源。人力资源是一种最活跃、最宝贵的资源，它既是一种天然资源，又是一种可再生资源。人力资源有两种存在形式，即现实的人力资源和潜在的人力资源。同时，我们可从质量和数量两个角度来认识人力资源。

而在现实管理中，对于人力资源的含义，可以从两个方面来理解：

一是狭义的解释，人力资源就是劳动力资源，是指一个国家或地区在一定时期能符合就业年龄并具有劳动能力的人口的总和。

二是广义的解释，人力资源是指在一个国家或地区之中，处于劳动年龄、未到劳动年龄和超越劳动年龄而具有劳动能力的人口总和。或表述为：一个国家或地区的总人口中减去丧失劳动能力的人口之后的人口。人力资源就是指那些有正常智力，能够从事生产活动的体力或脑力劳动者。

然而，不管是何种解释，人力资源都是以人口为基础，以劳动能力表现出来的。因此从具体表现形态来看，人力资源是与自然资源相对应的、以人的生命机体为载体的社会资源，它包括在一定领域内人口所拥有的劳动能力。

2．人力资源与人口

所谓人口，是居住在一定地区内或一个单位的人的总和。人口的基本形态是一个个具体的有生命的人。人作为具体的生活的生命有机体，除极少数由于各种原因丧失劳动能力的人口外，绝大多数人口都具有劳动能力。

一定数量和质量的人口是人力资源得以形成的自然基础。有了一定数量和质量的人口就有一定数量和质量的人力资源。人口数量的多少、人口质量的高低、人口增长速度的快慢、人口地域分布是否均衡、人口结构是否合理等因素都直接影响人力资源的总量、质量以及开发、配置、使用和管理。比如，一个地区人口稀少，另一个地区人口众多，这两个地区的人力资源就存在量的悬殊差异。而一个地区人口受教育程度高，另一个地区人口受教育程度低，这两个地区的人力资源也会存在质的区别。

从本质上讲，人力资源是具有劳动能力的人口总和。所谓劳动能力即劳动力，是存在于有生命的人体中的体力和脑力的总和。体力是指在一定身体素质基础上存在的负荷力、灵敏度、耐力等的能力；而脑力又称智力、知识力、精神力，是人们掌握和运用知识的能力，如观察力、记忆力、思维能力、想象力以及操作能力等。总之，体力是个体发育到一定生理阶段就具有的能力，是自然能力；脑力则是通过后天学习获得的，称知识或智力。体力反应人力资源的自然性，脑力反映人力资源的社会性。两者的结合就构成人力资源的现实劳动能力。

但是，人口和人力资源又是有区别的。首先，不是所有人口都是人力资源，只有具有劳动能力的人口才可能是人力资源。其次，人的体力和智力各有区别，因此他们各自所拥有的人力资源就不尽相同，即使同一个人，在不同阶段、不同环境中所拥有的人力资源也有很大区别。

同时，在作为人力资源总量的人口中，还有如下不同的情况：

第一，从劳动年龄看，有未达到劳动年龄的 16 岁以下的青少年，有处于劳动年龄之中的青壮年（男性劳动者从 16～60 岁，女性从 16～55 岁），还有超过劳动年龄的老年（男性 60 岁、女性 55 岁以上）。

第二，从就业情况看，有在业人口、待业人口、失业人口、尚未到社会求职的学校生、服兵役的士兵、家庭闲居人员和其他人员。

第三，从人力资源的实现程度来看，未达到劳动年龄、符合劳动年龄和超过劳动年龄的这三部分的在业人口，是实现人力资源的主体；待业人口，失业人口和家庭闲居人口，是现实人力资源处于闲置状态的群体；未到社会就业或离职就读的学生、服兵役的士兵是潜在的人力资源。

这样，以人口形式表现出来的人力资源大致包括以下几类：

第一，适龄就业人口，即符合劳动年龄的社会劳动人口。

第二，未成年就业人口，即未到劳动年龄，但已从事社会劳动的人口。

第三，老年人就业人口，即超过劳动年龄，仍从事社会劳动的人口。

第四，待业人口，即处于劳动年龄、具有劳动能力，等待或要求从事社会劳动的人口。

第五，失业人口，处于劳动年龄，具有劳动能力，而失去社会劳动岗位的人口。

第六，求学人口，即处于劳动年龄、正在国家教育系统就读的人口。

第七，服役人口，即处于劳动年龄、正在军队服役的人口。

第八，家务劳动人口，即处于劳动年龄、不领取劳动报酬而从事家务劳动的人口。

第九，处于劳动年龄、具有劳动能力的其他人口。

一般来说，在人口总体中，除了丧失劳动能力的极少数人外，所有的人都拥有人力资源。一个国家或地区的人口总量大体上相当于该国或该地区的人力资源总量。

二、 人力资源的特点

在对人力资源概念有大致了解后我们对人力资源的特点进行总结。人力资源管理的新概念是将"人"看作一种"资源"，是与物质资源和信息资源相对应的三大资源之一。但是人力资源是一种特殊的资源，与物质资源和信息资源相比较，人力资源具有以下特点：

第一，独特性，即人力资源是一种特殊的资源，存在于人本身，是人的体力与智力合在一起的能力，具有不可剥夺性。而物质资源是可以被剥夺的资源。人本身通过学习和实践而获得的知识、经验、技能，是人力资源的具体体现，是别人剥夺不了的。人的体力也是在成长和锻炼中获得的，也是别人剥夺不了的。这是人力资源区别于一切自然资源的一个根本特征。

第二，能动性，即人力资源是一种活的资源，是一种积极能动的资源。而物质资源是"死"的资源，物质资源只有通过人力资源的加工和创造才会产生价值。人在各种活动中都有着自觉目的性，以有效地对自身活动做出抉择，调节自身与外部的关系；如人力资源在活动过程中具有可激励性，通过对人的工作能力的提高和对工作动机的激励来提高工作效率。同时人在各种活动中处于主体地位，支配着其他资源，包括可以创造、使用和改造工具。而且，人力资源还有不断开发的潜能。这种能动性是人力资源区别于自然资源的一个重要特征。因此说，人力资源是创造利润的主要来源，特别是在高新技术等行业，人力资源的创新能力是企业利润的源泉。

第三，可变性，即人力资源是一种可变动的资源。在工作过程中，人的劳动能力不是固定不变的，而且，每一个人实际表现出来的工作能力，往往只是其全部工作能力的一部分。这就是说，人的相当部分工作能力是潜在的，是用组织可以通过恰当的方法和措施，如提高员工技能和责任感，进行培训开发。随着人的知识的逐渐丰富、技术的不断改善，通过经验的积累和增加。通过后期塑造，人既可以提高人力资源自身的价值，又可以提高整体人力资源的效益力资源的效益。人力资源的这种可变性使得人力资源必然具有开发性、塑造性和再生性。

第四，开发性，即人力资源具有开发性，并且这种开发具有连续的特性。在人的活动过程中，人一方面有着自身的消耗，但更重要的一面是人在劳动中通过自身行为的合理化，使自己的劳动能力得到补偿、更新和发展，其他资源则没有这种特点。人力资源开发过程还具有持续性，就是说人力资源是可以不断开发的资源，它不像自然资源那样，通过多次开发至形成最终产品之后，就不能再继续开发下去了。这种人力资源开发的持续性说明，不仅人力资源的使用过程是开发的过程，而且人力资源培训、积累、提高、创造的过程也是开发的过程。人力资源是一种可以多次开发的资源。对于一个具体的人来讲，直到他的生命终结之前，或者说是到他的职业生涯结束之前，都是一种可以持续开发的资源。正因为人力资源是可以无限开发的资源，所以可以说人的创造力是无限的。在现实管理中，通过对人力资源的有效管理和开发，可以极大地提高工作效率，从而达成社会组织的目标。

第五，时代性，或称为社会性，即人力的生成、使用和管理等都受到社会历史条件的限制。人是社会性的群体，离开社会群体而完全孤立的个体的人是不可能存在的。作为人力资源的人的劳动能力，是在劳动过程中得以形成和提高的能力。而劳动，就是人们结成一定社会关系从事改造自然的活动和过程，是社会的实践活动、组成人力资源的人都是在一定历史条件下的社会环境和社会实践中劳动的。而不同时期社会经济发展的总体水平决定着人力资源的整体素质与水平。因此，人力资源是具有时代性、社会性的。

第六，时效性，即人力资源在使用过程中有着时效性的制约。在实际活动中，人力资源必须在一定时间内开发和使用，超过一定的时段，人力资源就会荒废和退化。而有些自然资源可以长期储存，如矿产资源等，其品质一般不会随着时间的推移而下降。人力资源与自然资源存在这样的不同，是因为人从事工作的自然时间是有限的，而且人在每个时期如青年、中年、老年时期的工作能力都会有所不同。人生是有限的，劳动能力也是可以衰减的，智力、知识和技能也会发生变化。例如，在人生命过程的不同阶段，有着不同的生理和心理特点，对于人类资源的生成和发挥作用也各有不同的最佳期。一般地讲青少年时期是人类资源开发的最佳时期，而青壮年期则是人类资源发挥效用的最佳时期，也可说是人力资源时效性的峰值。这时如果人力资源不使用、不开发，就会失去其固有的作用于能力。

第七，生物性，即组成人力资源的人具有一定的生理特征性。人力资源是以人体为载体的，是有生命的活的资源，因此在使用和管理中，应充分地考虑到其生物性特点。一是要考虑人力资源的生物发展规律，如工作时间长短、劳动强度的大小、工作环境的好坏等对其的影响；二是要考虑人力资源的再生产规律，即人口的再生产和劳动个体的更新、恢复等方面规律，如劳动者工资必须考虑赡养人口因素、劳动者的休息时间安排、劳动者的培养等问题。

由于以上特点也决定了力了资源是一种主题性资源或能动性资源，是一种资本性资源、高增值性资源和再生性资源，也是一种战略性资源。因此，社会组织为了在某个领域或某个行业中占领制高点，并得到长期的发展，必须有大量的优秀人力资源为其服务。

三、 人力资本

人力资本的主要构成就是人力。人力是生产力的一大要素。人力与物力结合进行生产，推动着人类社会的发展。在实际生产中，对人力不断投资，会导致相应的生产力的提高。因此，把人力视为通过投资便可提高其生产能力的资本，就产生了人力资本的概念。

自 1960 年美国经济学家次奥多·舒尔茨（Theodore Schultz）在美国经济学年会上发表的演说中首次提出并解释了"人力资本"这一概念以来，这一概念得到了广泛的应用，但理论界至今对这一概念的内涵和外延仍未达成一致，主要存在以下几种看法：

按照舒尔茨的观点，人力资本是相对于物化资本而言，是体现在人身上的、可以用来增加未来收入的一种资本，是指人类自身在经济活动中获得收益并不断增值的能力。它包括人的知识、技能、经验和健康等。人力资本是凝结在人体能的能够在有形商品和无形商品、服务的生产过程中转移和增加价值的人的劳动能力。可以将资本分为人力资本和特殊人力资本。人力资本不同于人力资源，强调对经济增长贡献重大的人力因素——重点是对知识、技术、信息、事业心和创新精神等一切具有"乘数效应"的经济资源的总称。人力资本不同于简单、重复、体力劳动相联系的基本劳动力资本，而是超越基本劳动力资本并与复杂、高级脑力劳动相联系的高层次劳动力的概念。人力资产与非人力资产结合所创造的剩余，就转化为人力资本。从以上各种观点和看法可见，人力资本的实质就是知识资本，知识资本的重要使人力资本变得重要。而人力资本则是通过投资而形成的。

当前，西方经济学界一般认为，凡是用于生产、扩大生产能力以及提高生产效率的均称之为资本。他不仅包括设备和厂房，而且包括知识和技能。一般将前者视为物质资本，后者即为人力资本。因此可以这样定义，人力资本是体现在人力资源身上的，以人力资源的数量和质量表示的一种非物质资本。把握人力资本的含义，可以从以下几方面理解：第一，人力资本是活的资本，它凝结于劳动者身体内，表现为人的体力、智力、知识和技能，其中真正反映人力资本实质的是劳动者的智力、知识和技能。第二，人力资本由一定的费用投资转化而来，没有费用的投入就不会获得。这种投资，在货币形态上可以表现为保健支出、教育支出、迁移费用支出等。简单地说，任何人的能力都不可能完全靠先天获得，要形成、培育能力就必须接受教育，必须投入时间、财富。第三，劳动者拥有的人力资本价值，可以通过生产劳动转移交换，并实现价值的增值。人力资本是一切资本中最重要、最宝贵而且最具能动性的资本。发达国家经济增长的事实说明，人力资本比物力资本更能有效地推动经济发展。

第二节　人力资源管理概述

人力资源管理在当今社会已经是不可或缺的一部分。随着知识经济的到来，加入 WTO 后，中国经济已融入一个没有边界的经济体系和全球化的商业环境中，面对新的竞争环境与挑战，人力资源开发与管理已成为企业组织战略管理中最重要的组成部分，有效地管理人力资源将成为企业组织获取竞争的关键。重视人力资源，构筑人才高地，抢占人才制高点，已不是在同行中做大、做强的事，而是不进则退的事。

一、 人力资源管理内涵与职能

（一） 人力资源管理内涵

人力资源管理是将组织内所有的成员都作为一种可开发的资源，通过科学的管理，以求得以下三方面的和谐：求得人与事的最佳配合，使事得其人，人尽其才；求得人与人之间的协调合作，发挥团队力量，同进步，共发展；求得人人能胜任本职工作，发挥其潜力，做出最大的贡献。

现代人力资源管理出现于 20 世纪 60 年代末 70 年代初，不同于传统的人事管理。它提倡以开发为主的人本管理，存在于学习型组织，并从战略上为企业做贡献，资深的人力资源管理者就必须成为高级管理层的一部分，直接向总经理汇报工作。我国的人力资源管理兴起于 20 世纪 90 年代初，现正全面迈进以人为中心的战略性人力资源管理时代。

（二） 人力资源管理意义

现代人力资源管理第一个目的是管好人力资源，实现企业目标，包含着三个层次：第一个层次是维护企业正常生产和经营活动，即为了企业生存；第二个层次是提升企业业绩，即为了企业发展；第三个层次是增强企业核心竞争力，即为了企业强盛。

现代人力资源管理第二个目的是依靠人力资源，获取企业竞争优势，具体包括以下六个方面：获取企业所需要的人力资源；为企业使用好人力资源；为企业开发培育好人力资源；为企业激励好人力资源；为企业协调好人力资源；为企业维护好人力资源。

（三） 人力资源管理职能

现代人力资源管理的职能主要为获取、配置、激励、开发、评价、维护，具体描述如下：获取就是保证企业对人力资源在数量、质量和结构上的长期与短期目标的需求；配置就是将员工安排在合适的工作岗位上；激励就是调动员工的工作积极性、创造性以及对企业的忠诚性；开发就是将员工的工作技能及其各种相关的潜能挖掘、提高、释放出来，转变成实现企业目标的行为和业绩；评价就是对员工的个人业绩、团队业绩以及组织业绩进行客观地评价与评估，根据标准找出差距，并制定工作改进计划；维护就是对员工的权利和利益进行维护，在企业与员工、管理者与被管理者、上下级之间以及同级员工之间建立一种规范与和谐、合作与竞争的关系。

二、 人力资源管理理念

现代人力资源管理的理念是以人为本，制度为保障，团队为前提，平等信任，即人本管理。人本管理表现为尊重人，信任人，平等对待每个人，同时结合个人的特点、能力、兴趣和全面发展的需要开发和使用人。

人本管理的理念包括以下三方面：企业是以人为主体组成的，人力资源是企业的第一资源；企业依靠人进行生产和经营活动，实现企业目标要依靠全体人员的干劲和智慧，企业最重要的任务是调动和运用员工的积极性、自觉性和创造性；企业为人的需求而存在，为人的需求而生产，同时也是为实现员工的个人价值而努力。

人本管理由以下五项内容组成，具体如下：

（一） 沟通式管理

管理者与员工之间不是单纯的命令发布者和接受者之间的关系，还是一种合作关系。沟通不仅是工作的需要，还是人际交往的需要，有研究表明：管理中70%的错误是由于不善于沟通造成的。

敞开大门是沟通式管理的一种形式，即向员工敞开总裁办公室的大门与员工进行直接地交流，鼓励越级报告。在惠普公司，总裁的办公室从来没有门，员工受到顶头上司的不公正待遇或看到公司发生问题时，可以直接提出，还可越级反映，这种工作氛围使得人与人之间相处时，彼此之间都能做到相互尊重，消除了对抗和内讧。在摩托罗拉，所有管理者办公室的门都是绝对敞开的，任何员工在任何时候都可以直接推门进来，与任何级别的上司平等交流。

（二） 参与式管理

员工参与也是授权，是顺应社会发展潮流的方向，让员工参与到管理中来可以满足员工的潜在需要，有利于发挥员工的主动性。许多研究都相信，有效的员工参与会增加员工的自主性，加大他们对工作生活的控制，从而使员工的工作积极性更高，对企业更忠诚。

参与式管理从日本公司开始，经过各国企业的学习和创造，可以说已经是一种成熟的管理方法。参与式管理强调通过员工参与企业的管理决策，使员工改善人际关系，发挥聪明才智，实现自我价值；同时，达到提高组织效率，增长企业效益的目标。根据日本公司和美国公司的统计，实施参与管理可以大大提高经济效益，一般都可以提高50%以上，有的可以提高一倍至几倍。增加的效益一般有1/3作为奖励返还给员工，2/3成为企业增加的资产。

（三） 自主式管理

自主式管理实质是扩大员工在自我工作范围内的决策和控制权限，加大员工的工作责任感，从而极大地提高员工的工作积极性。

（四） 开发式管理

在知识经济时代，知识和技能更新非常迅速，企业员工必须不断地进行知识和技能的更新，以保持企业的竞争优势。员工能力开发要做到未雨绸缪，不能被动地填补能力缺陷。

（五） 文化式管理

文化式管理就是大家耳濡目染的企业文化，是全体成员普遍并共同遵循的价值观念和行为规范。企业文化需要培育和引导，人力资源管理过程就是企业文化的培育过程。为什么需要企业文化？这是因为企业管理与社会管理的道理是一样的。社会管理需要完善的法制，但法制并不能解决一切问题，除法制之外，还有社会道德。对于大多数人来说，固然处于法制的强约束之下，但多数行为却都是在道德的软约束之下进行的。企业管理也是如此，完善的规章制度是必要的，但规章制度不能解决所有的问题。比如企业可以规定员工不迟到不早退，但怎么能保证员工在上班时间内尽心尽力？再比如企业要求员工降低成本，但又怎么能保证员工时刻主动地为企业节约开支呢？另外，企业文化能使所有员工有共同的追求，提高整个企业的士气，从而提高整个企业的工作效率。

如何使员工自觉自愿，尽心尽力地为企业工作，想企业之所想，急企业之所急，便是企业文化的功能了。说到企业文化功能，先看一个实例：有一天，一位车主看到一位日本老人在帮他擦车，当时的第一反应是那位老人是"擦车族"，但仔细一看不对，他西装革履，擦车用的布是手帕。车主不觉好奇，上前询问：老人家，您为什么帮我擦车？哪知那位老人严肃地回答道：我是日本丰田公司的退休员工，我不能容忍在我眼皮底下有如此脏的车。听完后，车主大为震惊……由此可见，丰田公司的文化对他的吸引力，凝集力有多强！企业文化的功能主要有导向功能、规范协调功能、凝集功能、激励功能、创新功能和效益功能。

俗话说：一方水土养一方人，什么样的企业文化，就有什么样的员工。在我国企业转制的过程中，企业应重视企业文化的建设，培育适合本企业发展战略的企业文化显得尤为重要。总之，人本管理是现代人力资源管理的核心，人本管理的实质是尊重人、开发人、激励人，以满足人员的需求为目的的管理。

三、 现代人力资源管理体系

现代人力资源管理是一个有机系统，系统中的各个环节紧密相连。

人力资源规划是基于企业战略的人才规划系统，是人力资源管理流程中的第一个环节。其目的是根据企业内外部环境的变化，调整企业的人力资源配置，以达到及时更新和发现企业所需要的人才，避免人力资源短缺和浪费，同时有效地使用岗位上的人力资源，防止冗员和人员不足现象的发生。

工作分析是对企业各种工作的性质、任务、责任以及所需人员的资格、条件等进行分析、描述和规范化纪录的过程，工作结果输出一般为职位说明书和任职资格标准。企业一般在新组织的建立、新工作的产生或工作发生重大变化时需要做工作分析。进行工作分析之前，企业必须具备组织机构、工作流程、部门之间职责分工和部门的工作岗位都已经确定。工作评价是确定每项工作对企业贡献价值的大小和晋升途径。工作分析和工作评价是基于任职资格的职业化行为评价系统，为招聘提供业务素质标准和工作标准，为培训开发提供课程设置标准，为绩效考核提供考核标准，为薪酬提供薪酬等级标准。

招聘选拔是基于胜任能力的潜能评价系统，需要注意：首先，招聘不是被动地填补空缺，而是为了获取人力资源，要建立人才储备库；其次，招聘到的人要与企业志同道合，和企业有共同的价值观，与企业文化融合在一起。

培训开发是基于职业生涯的培训与开发系统，已越来越被企业所重视，是企业发展和强盛的基础。培训开发对企业经营的作用，正如培训师朱瑜所说的："比方说，农民不给农作物追肥施药，不至于颗粒无收；但追肥施药，收成肯定要翻上几番。培训对企业经营所产生的效应就是这么一个道理。"

绩效管理是通过绩效目标的设定，把企业的目标有效地分解到各部门和员工，同时通过对绩效目标的监控和绩效结果的评估，有效地了解企业目标的完成情况，即把企业战略目标与部门职能目标及员工的职责目标时时联系在一起。因此，绩效管理是企业战略的重要组成部分，使全体员工为了战略目标的实现必须做正确的事并正确地做事。绩效管理必须尽量实现考核程序的透明化、公开化。

薪酬管理是基于业绩与能力的薪酬分配系统，是对员工工作结果的承认和对员工的激励。如何通过薪酬调动员工的工作积极性、创造性以及对企业的忠诚性呢？企业不管采用什么样的薪酬政策，这种政策要有效，就必须同所要影响的员工的目标函数相一致，例如，如果某个员工的动机是受人尊重，激励必须是像名誉和称号这样的非物质利益。再如，福利方面，企业应采取菜单式福利，根据员工的特点和具体要求，列出一些福利项目，并规定一定的福利总值，让员工自由选择，各取所需，激励效果往往很明显。

第三节　　人力资源管理面临的形势与挑战

在 21 世纪，随着全球化、新技术、成本抑制和变革管理的急剧发展，中国的人力资源管理面临着机遇和挑战，在当前新的形势下面临以下几个方面挑战：

第一，科技革命与知识社会。美国未来学家托夫勒认为，就知识增长的速度而言，今天出生的小孩到大学毕业时，世界上的知识总量将增加 4 倍。在现代社会，每一个人都将面临：知识和技能的过时，大量的未知的知识，适应新知识和技术，知识和技术的不断更新，终身教育等。

第二，信息社会中劳动与职业的变化。科学技术的发展将人类带入了信息社会。那种传统的和狭隘的职业培训已变得过时，只有基础扎实、适应能力强，才能适应动态社会的需要。

第三，人口增长和变化。人口的增长是目前大多数国家所面临的问题。在许多国家，出现了人口老龄化的趋势。考虑到成人人口增加、平均寿命延长，社会老龄化问题对人力资源的开发也提出了新的要求。人力资源开发与培训的任务就十分艰巨。

第四，经济对人力资源开发的挑战。近年来，人们对教育、人力资源开发与经济的相互作用有了较清楚的认识。人们已经普遍认识到，人力资源开发的前景，是受经济状况的影响的。

随着国际社会对人力资源开发战略地位认识的不断强化，人力资源发展理论研究的不断深化，以及人力资源发展工作在世界范围内的不断展开，在世界范围内，人力资源的发展出现了一些新的发展趋势：

第一，人力资源投资观念的确立。与人力资源开发投资的增强。人力资源作为一种经济性资源，它具有资本属性，又与一般的资本不同。它作为一种资本性资源，与一般的物资资本有基本的共同之处。

第二，终身学习和培训的确立。在当今世界，知识、技能、价值观变化的速度越来越快。学习和培训已经不是人生某个阶段的事情。

第三，培训教育的制度化与法制化。在全球范围内兴起的"人力资本投资"和"终身教育"等现代人力资源开发观念的影响下，培训教育作为社会发展战略的一个有机组成部分正在被越来越多的国家纳入法制化与制度化的轨道。

第四，学习性组织的建立。现在越来越多的人强调并倡导建立学习性组织，托宾认为学习性组织意味着：组织中的每一个人都是学习者；组织中的每一个人彼此相互学习；强调学习的持续性。

第五，培训形式与方式的多样化。在培训方式、方法上，无论是公共组织还是私营组织，皆本着学用一致，按需施教，讲求实效的原则，呈多元化的发展趋向。

第六，培训的信息化与手段的现代化。随着科学技术的发展，科学技术对教育培训的影响越来越大。其中信息处理技术在教育培训中的应用，促使教育培训更具好的前景。

第七，培训教育的国际化。从 20 世纪 60 年代后期 70 年代初期，国际政治、经济的一体化不断发展，科学技术的发展使全世界在时间和空间上的距离缩短，信息畅通无阻，培训日益国际化。

第八，人力资源发展培训的职业化。

如今，随着培训被作为实现各种发展目标和组织目的的强有力手段被人们的普遍接受，以及培训活动的广泛展开，培训的职能在公、私组织中日益专门化，培训工作日趋职业化。

针对人力资源开发面临的挑战与困难，提出以下对策与建议：积极构建学习型社会。随着工作的日益复杂，许多工作方式改变，人们如果不能适应知识经济时代的要求，不断地更新和丰富自己的知识结构，就可能成为社会发展的负担，产生结构性问题。在这种形势下，构建学习型社会，推动终身学习已成为社会和经济发展的必然趋势和必然选择。增强学员的学习力，强调"教是为了不教"的教育思想"教是为了不教"是我国当代著名的教育家叶圣陶先生提出的教育思想，是培养人全面发展的智慧宝库。这里，"教"是手段，"不教"是目的。"不教"就是"不须教"，指学生具备了较强的自我教育能力，能自觉地丰富和完善自己。在知识经济年代，知识的更新速度加快，社会变化纷繁复杂，科技发展日新月异，社会发展不断对人才提出新的要求。赋予持续教育、职业教育与普通学历证书同等地位，增强吸引力。针对我国目前就业人口的低学历、低技能问题，必须赋予持续教育与普通学历证书同等地位，课程可相互衔接，以便大大增强持续教育的吸引力。

第二章　战略性人力资源规划

第一节　战略性人力资源规划概述

人力资源战略是企业根据内部和外部环境分析，确定企业目标，从而制定出企业的人力资源管理目标，进而通过各种人力资源管理职能活动实现企业目标和人力资源的目标的过程。

一、　人力资源战略的影响因素

环境因素是影响人力资源战略的重要因素。科塞克认为第一重要因素是诸如行业成熟度、竞争的性质及程度、竞争压力的密度、环境的限制性、技术变革的速度及深度、可感知的混乱、对立及其复杂性、变革的类型、程度及可预测性等外部环境和包括劳动力市场和产品市场的市场推动力等内部环境因素。组织规模、资源丰富程度和复杂性等组织因素是影响人力资源战略形成的因素。Lawler 等人对《财富》1000 强企业的调查表明，组织规模与采用员工相关措施（员工持股计划、收益共享、调查反馈等）人力资源战略措施之间存在相关性。组织的技术因素会持久地推动组织采纳战略性人力资源管理措施。Jackson 等人发现，运用战略柔性化的组织与采用大规模制造技术的组织相比，更多地采取以绩效评估的结果决定报酬；请代理机构进行绩效评估；以产量为基础支付报酬等人力资源战略措施。更多的研究都表明环境因素、组织规模和组织技术因素是人力资源战略形成的主要因素。人力资源战略的形成。战略核心问题是战略形成。理性规划法和循序渐进法是战略形成的两种途径。

Dyer、Lundy 等学者认为人力资源战略最高决策层制定组织使命，明确关键目标，说明管理方案及程序，以帮助组织实现战略目标，虽然很多实践者赞成战略是正式和理性规划过程，但同时也逐渐接受组织决策者的理性决策更多地是遵循循序渐进的逻辑和系统化的过程。Bamberger 和 Fiegenbaum 的人力资源战略性参考点（HRSRP）用三维矩阵来描述组织决策者评价选择战略决策的战略目标或基准点。包括内部因素（过程/方式、成果/目标导向）、外部因素（低（窄）、高（广）外部环境）、时间因素（过去、未来）的三维矩阵组合总共 8 种类型的参考点。在组织中居于不同地位的人力资源管理者、不同发展阶段的企业、不同类型的企业会采取不同的参考点战略。人力资源系统相对于主要参考点的位置关系左右人力资源决策者的意愿，并对他们的思维方式进行挑战，推动他们采取更大胆的人力资源战略。经理们在 HRSRP 构架的形成中具有一定的控制力，但这种控制力是有限制的，综合考虑了组织决定论观点，非常强调组织的微观政治环境是理性规划过程的限制条件（Bamberger and Fiegenbaum）。人力资源的战略性参考点吸取了理性规划法关于经理人对战略形成的高度控制这一观点。也从以高度决定资源和权力为基础的理论解释 HRSRP 构架体系，这一程对 HRSRP 解释人力资源战略起到调节作用。

二、 关于组织战略与人力资源战略的关系及其协调

（一） 人力资源战略与组织战略的关系

人力资源战略形成 5P 模式强调组织战略与人力资源战略之间存在紧密联系（Dyer；Lundy and Cowling）。在人力资源战略形成的"相互依赖"模式描述中认为组织战略与人力资源战略的形成具有双向作用（Lengnick-Hall）。组织战略是组织化的人力资源战略的主要决定因素。伦迪和考林提出人力资源战略在组织战略形成过程中发挥了更积极的作用。在组织战略的形成过程中，人力资源部门与其他部门一样，不仅被赋予智力角色，同时也被赋予审查角色。HRSRP 构架会影响

战略选择的性质，其影响方式依战略决策者认为系统在战略参考点之上和之下的程度而定。人力资源战略与组织战略的协调。现有研究表明存在多种模型协调人力资源战略与组织战略。Gomez-Meijia 等人提出了与波特的成本领先、差异化和集中化竞争战略相协调的人力资源战略（Gomez-Meijia and Balkin）；Bird 和 Beechler 提出的与 Miles 和 Snow 的防御者战略、探索者战略和分析者战略对应的累积者战略、协助者战略和效用者战略三种人力资源战略（Bird and Beechler）。Lewin 和 Mitchell 指出，人力资源战略与企业战略的协调，可帮助企业利用市场机会，提升企业的内部组织优势，帮助企业达成战略目标（Lewin and Mitchell）。企业要想在激烈的市场竞争中获得并保持优势，企业的人力资源管理与经营战略需要彼此协调、匹配，而要实现二者之间的协调与匹配，便需要两者之间时常进行双向、深入的"沟通"。

（二） 关于战略性人力资源规划

人力资源战略与人力资源规划的融合趋势。战略性人力资源规划研究开拓于人力资源战略与人力资源规划的融合趋势。戴姆斯·W.沃克注意并总结了20世纪90年代的人力资源规划与人力资源战略的融合趋势（戴姆斯·W.沃克）：企业正在使其人力资源规划更加适合于企业精简而较短期的人力资源战略。企业人力资源战略与规划更加注意关键环节，以确保人力资源战略与规划的实用性和相关性。人力资源战略与规划更注意特殊环节上的数据分析，更加明确地限定人力资源战略与规划的范围。企业更加重视将长期的人力资源战略与规划中的关键环节转化为行动方案，以便对其进行测量。其他学者的研究也注意到这种趋势。不同的人力资源战略制约下的人力资源规划也应该随战略调整而调整（Delery and Doty）。战略性人力资源规划将战略规划与人力资源管理加以整合，以协助组织建立竞争优势（Anthony）。当前人力资源战略与规划的研究、实践和教科书一般将人力资源战略与规划的理论分为人力资源战略理论、人力资源规划理论，并注意到二者的结合问题（赵曙明）。

（三） 战略性人力资源规划的定义

战略性人力资源规划是具有全局性和长远性的人力资源规划。在其研究发展过程首先被称之为人力资源战略规划，并将其视为企业战略规划的一部分。企业组织经营环境的复杂性和不稳定性，导致人力资源战略规划在企业发展战略规划中日益凸显出特殊的重要性。近年来，人力资源战略规划已成为学术界和企业界关注的热点。赵曙明尝试将人力资源战略规划理论方法与企业组织人力资源战略管理实践融合起来，从人力资源战略规划的基本概念、战略性人力资源存量分析、战略性人力资源需求和供给预测、人力资源战略的构成和分类、人力资源战略与企业战略的协调，以及人力资源战略规划体系的制定与企业竞争优势的获取等方面，对人力资源战略规划的各种理论和方法进行分析和研究。也有学者称之为战略性人力资源规划。人力资源管理之所以不断演进，其根本原因，是因为人力资源管理事实上存在着战略职能和经营职能两种职能。人力资源管理以经营性职能为起点，但随着各种经营环境的变化，其战略职能的重要性正与日俱增。从战略职能的角度看，人力资源管理的理念之一，是将企业的员工视为非常珍贵的资源，是企业各种投入中十分重要的组成部分。只要对这部分资源加以有效的管理，就能使之成为提高企业竞争力的重要推动力。因此，从战略角度出发，人力资源至少应被视为与企业的资金、技术和其他要素具有同等的重要性。人力资源的供给和需求也必须从战略的观点来看待。传统人力资源规划是组织基于其未来业务发展所需要人力资源数量与质量而进行计划的过程与系统方法，它最终将使企业的人力资源数量和质量适应企业的战略和业务要求，从而对企业的战略起到支持作用。战略人力资源规划是基于企业的战略对所有的人力资源战略相关问题进行规划的一套系统方法与完整过程。我国的部分学者如陈福漆、李冬叶、赵心认为战略性人力资源规划要求规划主体在组织愿景、组织目标和战略规划的指引下，针对人力资源活动的特点，从组织全局和长远的角度对组织发展的方向及其实现途径进行设计，战略性地把握人力资源的需求与供给，动态地对人力资源进行统筹规划，努力平衡人力资源的需求与供给，从而促进并保证组织目标的实现。综上，无论是人力资源战略规划，还是战略性人力资源规划，其实质是将战略性人力资源规划看作人力资源战略的具体表现形式，强调为实现组织战略出发的人力资源战略而展开的整体性、全局性和长期性的人力资源规划。战略性人力资源规划的内容。人力资源战略规划和战略人力资源规划分别描述了战略性人力资源规划的内容。人力资源战略规划将人力资源战略与人力资源规划联系起来，内容包括人

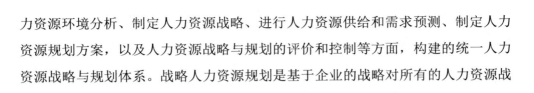

力资源环境分析、制定人力资源战略、进行人力资源供给和需求预测、制定人力资源规划方案，以及人力资源战略与规划的评价和控制等方面，构建的统一人力资源战略与规划体系。战略人力资源规划是基于企业的战略对所有的人力资源战略相关问题进行规划的一套系统方法与完整过程。它强调两个重点：

第一，人力资源战略相关问题。主要包括：

1．从战略与发展来看，企业所需要的人力资源数量和质量；

2．企业人力资源管理体系面临的主要问题与问题解决方案；

3．为了发展企业的竞争优势，需要什么样的能力以及具备这些能力的人力资源；

4．要使人力资源体系能够支持企业战略，人力资源管理制度应该如何与企业战略相衔接、相匹配，即制度匹配与制度衔接问题。

第二，如何执行人力资源战略，即怎么样把人力资源战略落在实处。战略人力资源规划是一种系统的思维方法和工具。它既是一个过程，同时也是一套人力资源规划的方法论系统。由此可见，战略性人力资源规划涵盖人力资源战略制定、战略人力资源规划体系和人力资源战略规划的评价和控制等多方面结合的统一人力资源战略规划体系。有关战略性人力资源规划的研究是当前的热点问题。

第二节　人力资源规划的程序

人力资源规划是企业人力资源管理的一项基础性活动。

一、　人力资源规划的步骤

第一，调查、收集和整理涉及企业战略决策和经营环境的各种信息。影响企业战略决策的信息有：产品结构、消费者结构、企业产品的市场占有率、生产和销售状况、技术装备的先进程度等企业自身的因素；企业的外部环境包括社会、政治、经济、法律环境等。这些外部因素是企业制定规划的"硬约束"，企业人力资源规划的任何政策和措施均不得与之相抵触。例如，《劳动法》规定：禁止用人单位招用未满 16 周岁的未成年人。企业拟定未来人员招聘计划时，应遵守这一原则。否则，将被追究责任，计划亦无效。

第二，根据企业或部门实际确定其人力资源规划的期限、范围和性质。建立企业人力资源信息系统，为预测工作准备精确而翔实的资料。

第三，在分析人力资源供给和需求影响因素的基础上，采用以定量为主，结合定性分析的各种科学预测方法对企业未来人力资源供求进行预测。它是一项技术性较强的工作，其准确程度直接决定了规划的效果和成败，是整个人力资源规划中最困难，同时也是最关键的工作。

第四，制定人力资源供求平衡的总计划和各项业务计划。通过具体的业务计划使未来组织对人力资源的需求得到满足。

二、 人力资源规划流程

人力资源规划过程还可以归纳为三个：评价现有的人力资源；预估将来需要的人力资源；制定满足未来人力资源需要的行动方案。

（一） 当前评价

管理当局要对现有人力资源的状况作考察。这通常以开展人力资源调查的方式进行。在计算机系统高度发达的年代，对于绝大多数组织来说，要形成一份人力资源调查报告，并不是一项困难的任务。这份报告的数据来源于员工填写的调查表。调查表可能开列姓名、最高学历、所受培训、以前就业、所说语种、能力和专长等栏目，发给组织中的每一个员工。此项调查能帮助管理当局评价组织中现有的人才与技能。

当前评价的另一内容是职务分析。人力资源调查主要告诉管理当局各个员工能做些什么，职务分析则具有更根本的意义，它确定了组织中的职务以及履行职务所需的行为。例如，在博伊斯—凯斯凯德公司（Boise Cascade）中工作的第三级采购专业人员，其职责是什么？若其工作取得绩效，最少需要具备什么样的知识、技术与能力？对第三级采购专业人员与对第二级采购专业人员或者采购分析员的要求，有些什么异同之处？这些是职务分析能明确问题之所在，职务分析将决定各项职务适合的人选，并最终形成职务说明书说明职务规范。

（二） 未来评价

未来人力资源的需要是由组织的目标和战略决定的。

人力资源需求是组织的产品或服务需求状况的一种反映。基于对总营业额的估计，管理当局要为达到这一营业规模配备相应需要数量和知识结构的人力资源。在某些情况下，这种关系也可能相反，当一些特殊的技能为必不可少而又供应紧张时，现有的符合要求的人力资源状况就会安定营业的规模。例如，税务咨询公司就可能出现这种情况。它常发现经营机会远比自己所能处理的业务大得多。其扩大营业的唯一限制因素可能就是，该咨询公司能否雇佣和配备具有满足特定客户要求所必需的工作人员。不过，大多数情况之下是以组织总目标和基于目标规定的营业规模预测作为主要依据，来确定组织的人力资源需要状况。

（三） 制定面向未来的行动方案

在对现有能力和未来需要做出全面评估以后，管理当局可以测算出人力资源的短缺程度（在数量和结构两方面），并指出组织中将会出现超员配置的领域。然后，将这些预计与未来人力资源的供应推测结合起来，就可以拟订出行动方案。可见，人力资源规划不仅为指导现时的人力配备需要提供了指南，同时也预测到未来的人力资源需要和可能。

也有人将人力资源规划的程序，分为五个步骤：

第一，弄清企业的战略决策及经营环境，是人力资源规划的前提。不同的产品组合、生产技术、生产规模、经营区域对人员会提出不同的要求。而诸如人口、交通、文化教育、法律、人力竞争、择业期望则构成外部人力供给的多种制约因素。

第二，弄清企业现有人力资源的状况，是制订人力规划的基础工作。实现企业战略，首先要立足于开发现有的人力资源，因此必须采用科学的评价分析方法。人力资源主管要对本企业各类人力数量、分布、利用及潜力状况、流动比率进行统计。

第三，对企业人力资源需求与供给进行预测，是人力资源规划中技术性较强的关键工作，全部人力资源开发、管理的计划都必须根据预测决定。预测的要求是指出计划期内各类人力的余缺状况。

第四，制订人力资源开发、管理的总计划及业务计划，是编制人力资源规划过程中比较具体细致的工作，它要求人力资源主管根据人力供求预测提出人力资源管理的各项要求，以便有关部门照此执行。

第五，对人力资源计划的执行过程进行监督、分析，评价计划质量，找出计划的不足，给予适当调整，以确保企业整体目标的实现。

狭义的企业人力资源规划包括两个层次：

第一，人力资源总体规划是指在计划期内人力资源管理的总目标、总政策、实施步骤和总预算的安排。

第二人力资源业务计划则包括人员补充计划、分配计划、提升计划、教育培训计划、工资计划、保险福利计划、劳动关系计划、退休计划，等等。

这些业务计划是总体规划的展开和具体化，每一项业务计划都由目标、政策、步骤及预算等部分构成。

第三节　　人力资源规划报告的编制

每个公司都会在年度或季度结束时编制相应的人力资源规划体系，虽然不同的人力资源经理会有自己不同的做法，但编制人力资源计划的结构却基本一样。

首先是根据企业的发展规划，结合企业各部门的人力资源需求报告进行盘点，确定人力资源需求的大致情况。结合企业现有人员及职务的人员，职务可能出现的变动情况，职务的空缺数量等，掌握企业整体的人员配置情况，编制相应的配置计划。其目的是描述企业未来的人员数量和素质构成。

其次是编制职务计划。企业发展过程中，除原有的职务外，还会逐渐有新的职务诞生，因此，在编制人力资源计划时，不能忽视职务计划。编制职务计划要充分做好职务分析，根据企业的发展规划，综合职务分析报告的内容，详细陈述企业的组织结构、职务设置、职位描述和职务资格要求等内容，为企业描述未来的组织职能规模和模式。

第三是合理预测各部门人员需求。在人员配置和职务计划的基础上，合理预测各部门的人员需求状况。在做人员需求预测时，应注意将预测中需求的职务名称、人员数量、希望到岗时间等详细列出，形成一个标明有员工数量、招聘成本、技能要求、工作类别，及为完成组织目标所需的管理人员数量和层次的分列表，依据该表有目的地实施日后的人员补充计划。

第四是确定员工供给状况。人员供给主要有两种方式，一是公司内部提升，二是从外部招聘。如果采取第一种方式，人力资源部经理要求充分了解公司各部门优秀员工，了解符合提升的条件的员工数量、整体质量等，也可与各部门经理联系，希望他们推荐。内部提升是一种比较好的方式，因为被提升的员工基本上已经接受了公司的文化，省去了文化培养的程序。其次是通过提升使员工得到某种满足，更易激发工作的热情和积极性。外部招聘相对来说比内部提升效果要差一些，但也不是全部，如果能够从外部招聘优秀人才并留住人才，得以发挥其作用，也是很好的。在确认供给状况时要陈述清楚人员供给的方式、人员内外部的流动政策、人员获取途径和获取实施计划等。

第五是制定人力资源管理政策调整计划。该计划中要明确阐述人力资源政策调整的原因、调整步骤和调整范围等。人力资源调整是一个牵涉面很广的内容，包括招聘政策调整、绩效考核制度调整、薪酬和福利调整、激励制度调整、员工管理制度调整等等。人力资源管理政策调整计划是编制人力资源计划的先决条件，只有制定好相应的管理政策调整计划，才能更好地实施人力资源调整，实现调整的目的。

第六是编制人力资源费用预算。费用预算包括招聘费用，员工培训费用，工资费用，劳保福利费用等等。有详细的费用预算，让公司决策层知道本部门的每一笔钱花在什么地方，才更容易得到相应的费用，实现人力资源调整计划。

第七是编制培训计划。对员工进行必要的培训，已成为企业发展必不可少的内容。培训的目的一方面是提升企业现有员工的素质，适应企业发展的需要，另一方面是培养员工认同公司的经营理念，认同公司的企业文化，培养员工爱岗敬业精神。培训计划中要包括培训政策、培训需求、培训内容、培训形式、培训效果评估以及培训考核等内容，每一项都要有详细的文档，有时间进度和可操作性。

另外，在编写人力资源计划时，还要注意防止人力资源管理中可能会遇到的风险，比如优秀员工被猎头公司相中、新的人力政策导致员工情绪不满、内部提升遇到阻力、外部招聘失败等等。这些潜在的风险有些甚至会影响到公司的正常运作，甚至造成致命的打击。规避这些风险是人力资源部的一项重要职责，在编写人力资源计划时要结合公司实际，综合职务分析和员工情绪调查表，提出可能存在的各种风险及应对办法，尽可能减少风险带来损失。

第三章　　工作分析与工作设计

第一节　　工作分析概述

一、　工作分析的概念

工作分析，简单一点说，就是分析者在短时间内，用以了解有关工作信息与情况的一种科学手段；具体一点说，就是一种活动或过程，它是分析者采用科学的手段与技术，直接收集、比较、综合有关工作的信息，就工作岗位的状况、基本职责、资格要求等做出规范性的描述与说明，为组织特定的发展战略、组织规划、人力资源管理以及其他管理行为提供基本依据的一种管理活动。

工作分析的主体是工作分析者，客体是整个组织体系，对象是工作，包括战略目标、组织结构、部门职能、岗（职）位中的工作内容、工作责任、工作技能、工作强度、工作环境、工作心理以及工作方法、工作标准、工作时间及其在组织中的运作关系。

二、　工作分析的类型

从客体分布范围上划分，工作分析有广义与狭义两种。广义的工作分析，是相对于整个国家与社会范围内岗位工作的分析；而狭义的工作分析，是相对于某一企事业组织内部各岗位工作的分析。本书所说的工作分析主要指狭义的工作分析。从目的上划分，工作分析有单一目的型与多重目的型两种。其主要区别在细节和记录内容上，但其获取与分析资料的手段及过程是相同的。从分析切入点划分，工作分析有岗位导向型、人员导向型与过程导向型三种。岗位导向型，是指从岗位工作任务调查入手的工作分析活动；人员导向型，是指从人员工作行为调查入手的工作分析活动；过程导向型，是指从产品或服务的生产环节调查入手的工作分析活动。从分析对象上划分，工作分析有职责任务分析型与工作能力分析型。

第二节　　工作分析的内容

一、　工作内容的组成部分

工作分析的内容包含三个部分：对工作内容及岗位需求的分析；对岗位、部门和组织结构的分析；对工作主体员工的分析。

对工作内容的分析是指对产品（或服务）实现全过程及重要的辅助过程的分析，包括工作步骤、工作流程、工作规则、工作环境、工作设备、辅助手段等相关内容的分析。

由于工作的复杂性、多样性和劳动分工使岗位、部门和组织结构成为必然，不同的行业和不同的业务都影响着岗位、部门和组织结构的设置，对岗位、部门和组织结构的分析包括对岗位名称、岗位内容、部门名称、部门职能、工作量及相互关系等内容的分析。

对工作主体员工的分析包括对员工年龄、性别、爱好、经验、知识和技能等各方面的分析，通过分析有助于把握和了解员工的知识结构、兴趣爱好和职业倾向等内容。在此基础上，企业可以根据员工特点将其安排到最适合他的工作岗位上，达到人尽其才的目的。

二、 工作分析中的术语

在工作分析中，会涉及一些常用术语，但这些术语又常被人们混淆，因此掌握和了解这些术语对工作分析是十分必要的。

（一） 工作要素

工作要素是指工作中不能继续再分解的最小动作单位。例如，饭店的迎宾服务工作要素：开门、请客人进来。

（二） 任务

任务是指工作中为了达到某种目的而进行的一系列活动。任务可以由一个或多个工作要素组成。例如工人给产品贴标签这一任务只有一个工作要素。上面提到的迎宾员，任务是迎接客人，它包括两个工作要素。

（三） 工作

工作就是组织为达到目标必须完成的若干任务的组合。一项工作可能需要一个人完成，如公司总经理的工作也可能需要若干人完成。

（四） 职责

职责是指任职者为实现一定的组织职能或完成工作使命而进行的一个或一系列的工作。

（五） 职位

职位也叫岗位，是指担负一项或多项责任的一个任职者所对应的位置。一般情况下，有多少个职位就有多少个任职者。例如，经理、秘书、财务总监等。应该注意的是职位是以事为中心而确定的，它强调的是人所担任的岗位，而不是担任这个岗位的人。职位是确定的，而职位的任职者是可以更换的。

（六） 职务

职务是由一组主要责任相似的职位组成的，也称为工作。在不同的组织中根据不同的工作性质，一种职务可以有一个或多个职位。例如，处长这一职务，在不同的部门都设有这个职位。职务具有职务地位和职务位置的双重含义。即在同一职位，职务可以不同，如同是副厂级干部，却分为第一副厂长、第二副厂长等。虽然都是副厂级，但其职务地位却不同。一个职务也可以有多个职位。如办公室需要两个秘书，即一个职务有两个职位或需要更多的人来承担这一工作。而对于科长，则由一人担当，它既表示职位又表示职务。一般情况，职务与职位是不加以区别的。但是，职务与职位在内涵上是不同的，职位意味着要承担任务和责任，它是人与事的有机结合体；而职务是指同类职位的集合体，是职位的统称。如行政管理部门的处级干部，职务都是处级干部，但是，职位却相当多。职位又称为编制。所以职位的数量是有限的。一个人担当的职务不是终身制，但对这一职务他可以是专任也可以是兼任，可以是长设，也可以是临时的，所以职务是经常变化的。但是职位是不随人员的变动而变动，它是相对稳定的。职位可以进行分类，而职务一般不进行分类。

（七） 职位分类

职位分类是指将所有的工作岗位（职位），按其业务性质分为若干职系、职组（横向），然后按责任大小、工作的难易程度和技术高低又分为若干个职级、职业等。对每一职位给予准确的定义和描述，制成职务说明书，以此作为对聘用人员管理的依据。职系是指一些工作性质相同，而责任轻重和困难程度不同的工作。职组是指工作性质相近的若干职系的总和。职级是分类结构中最重要的概念，是指将工作内容、难易程度、责任大小、所需资格皆很相似的职位划为同一职级，实行同样的公开、使用和报酬。职业是一个更广泛的概念，它是指在不同的组织中从事相似活动的一系列职务。职业的概念有较大的时间跨度，处在不同时期，从事相似工作活动的人都可以被认为具有相同的职业。例如，教师、工程师、工人、服务员等都属于职业。职权是指依法赋予的完成特定任务所需要的权力，职责与职权紧密相关。特定的职责要赋予特定的职权，甚至特定的职责等同于特定的职权。例如，企业的安全检查员对企业的安全检查，这既是他的职责又是他的职权。

三、 工作分析的价值和作用

工作分析是整个人力资源开发与管理的奠基工程，在人力资源开发与管理过程中，具有十分重要的作用和意义。没有工作分析，就无法进行清晰的岗位描述与任职资格说明；没有清晰的岗位描述，就无法比较和评价岗位的价值；没有清晰的岗位职责描述，就无法确定岗位的关键职责与行为要项，进而无法提取恰当、准确、直击要害的绩效考评指标；缺乏绩效考评，就无法确定薪酬中的弹性、激励部分；没有工作分析就难以进行职位评价，无法确定基本的薪酬结构；没有职位评价与绩效管理，就无法让员工明确职业发展的通道以及个人在绩效上的差距。具体来说，工作分析在人力资源管理中的作用与价值主要表现在以下几个方面：

（一） 工作分析是整个人力资源开发与管理科学化的基础

人力资源管理过程包括岗位设计、招聘、配置、培训、考核、付酬等环节，每个环节的工作均需要以工作分析为基础。岗位设计要以岗位职责与职务说明书为依据，招聘要以职位说明书为依据，配置要以工作要求为依据，培训要以工作内容和要求为依据，考核要以工作目标为依据，付酬要以岗位职责大小、所需技能高低与实际贡献大小为依据。这一切都要以工作分析为基础。因此，工作分析有助于工作评价、人员测评、定员、定额、人员招聘、职业发展设计与指导、绩效考评、薪酬管理及人员培训的科学化、规范化和标准化。

（二） 工作分析是组织现代化管理的客观需要

传统的管理模式有值得借鉴的地方，但也有不少弊端：凭经验管理；重视物力、财力因素而忽视人力因素的作用；重视人的现有能力而忽视对人的潜力的发掘。在现代社会生产中，工作效率的提高越来越依赖人力因素的作用。因此现代管理的突出特点是强调以人为中心，强调在工作分析的基础上进行工作再设计和恰到好处地定员、定额，为工作者创造和谐的人际关系和组织气氛，创造良好的工作条件和工作环境，控制各种有害因素对人体的影响，保护工作者的身心健康，以激发工作者的自觉性、主动性和创造性，从而满足现代化管理的需要。

（三） 工作分析有助于实行量化管理

现代企业管理实践表明，提高效益要依靠好的政策和技术进步，更要依靠严格和科学的管理。实行严格和科学的管理需要一系列的科学标准和量化方法。工作分析通过岗位工作客观数据和主观数据分析，充分揭示了整个劳动过程的现象和本质的关系，有助于整个企业管理逐步走向标准化和科学化。

（四） 工作分析是管理者决策的基础

对于一个组织（包括公共事业组织和企业组织）来说，每个岗位的工作相当于建筑大厦中的砖块，不但是组织结构中最为基本的组成部分，而且是一切管理行为的出发点和归宿。任何一个管理者，包括高层决策者，都不能不考虑什么样的工作内容与条件才能让员工的潜能与积极性得到充分发挥，什么样的工作标准与要求才能使员工的产品或服务满足社会需求，进而使自己的组织获得生存力和发展力，从而更具有竞争力。工作分析正是帮助管理者全面把握组织内外各项工作信息的有效工具，如果缺少这一过程，管理者的决策与管理将缺乏所需要的关于资源配置及其有效使用的重要信息。

（五） 工作分析是当前组织变革与组织创新的重要手段

工作分析为组织工作目标的重新选择、调整与组合提供了科学的依据与支持，为组织目标变革后重新界定各部门与各岗位的工作提供了一种思路和基础，因此对于组织变革与结构调整条件下的管理决策来说非常重要。在现代竞争日趋激烈的市场经济条件下，组织的生存与发展越来越依赖于经营者能否不断地创新。在市场开拓与工作创新的过程中，需要打破和超越以往组织工作的传统习惯和工作内容，这就要求组织管理者通过工作分析不断对工作内容、工作标准与工作过程进行创造与创新，并在工作分析的基础上进行有效控制，以确保组织目标的实现。

（六） 工作分析是提高现代社会生产力的需要

社会生产力的提高表现为生产效率和生产质量的提高。而提高生产效率与生产质量，关键在于简化工作程序，改进生产工艺，明确工作标准和要求，让每个人从事其最适合的工作，以达到最好的工作效果。随着现代生产过程越来越复杂，企业规模越来越大，工艺流程越来越长，分工越来越细，具体的劳动形式和生产环节越来越多，对劳动协作在空间和时间上的要求也越来越高。为了科学地配置与协调不同劳动者的工作，必须对生产过程分解后的基本单位——工作岗位进行科学的分析。

（七） 工作分析对于人力资源管理研究者不可缺少

人力资源管理研究者主要研究人力资源管理的现象与规律。所有人力资源活动中的"人"与"事"及其关系，是整个人力资源管理研究的基本点。其中，"事"是内核；"人"在这里不是一般意义的人，是与一定"事"即工作相联系的"人"，是在职人员或求职人员。因此，对人力资源管理进行深入而科学的研究，不掌握工作分析的理论和方法是不行的。

第三节　工作分析的实施过程

一、　工作分析各个阶段

工作分析是对工作做一个全面的评价过程，这个过程可以分为准备阶段、调查阶段、分析阶段和总结及完成阶段四个阶段。

（一）　准备阶段

准备阶段的任务是了解有关情况，建立与各种信息渠道的联系，设计全盘的调查方案，确定调查的范围，对象与方法。

1．确定工作分析的意义、目的、方法与步骤。

2．组成由工作分析专家、岗位在职人员、上级主管参加的工作小组，以精简、高效为原则。

3．确定调查和分析对象的样本，同时考虑样本的代表性。

4．根据工作分析的任务、程序，将工作分析分解成若干工作单元和环节，以便逐项完成。

5．做好其他必要的准备工作。在进行工作分析之前，应由管理者向有关人员介绍并解释，使有关人员对分析人员消除不必要的误解和恐惧心理，帮助两者建立起相互信任的关系。

（二）　调查阶段

调查阶段是工作分析的第二阶段。主要工作是对整个工作过程、工作环境、工作内容和工作人员等主要方面做一个全面的调查。具体工作如下：

1．编制各种调查问卷和提纲。

2．在调查中，灵活运用面谈法、问卷法、观察法、参与法、实验法、关键事件法等不同的调查方法。

3. 根据工作分析的目的，有针对性地搜集有关工作的特征及所需要的各种数据。

4. 重点收集工作人员必要的特征信息。

5. 要求被调查人员对各种工作特征和人员特征的问题发生频率和重要性做出等级评定。

（三） 分析阶段

分析阶段是对调查阶段所获得的信息进行分类、分析、整理和综合的过程，也是整个分析活动的核心阶段。具体工作如下：

1. 整理分析资料。将有关工作性质与功能调查所得资料，进行加工整理分析，分门别类，编入工作说明书与工作规范的项目内。

2. 创造性地分析、揭示各职位的主要成分和关键因素。

3. 归纳、总结出工作分析的必需材料和要素等工作。

（四） 总结及完成阶段

总结及完成阶段是工作分析的最后阶段。这一阶段的主要任务是：在深入分析和总结的基础上，编制工作说明书和工作规范。

1. 将信息处理结果写成职务说明书，并对其内容进行检验。

2. 召开工作说明书和工作规范的检验会时，将工作说明书和工作规范初稿复印，分发给到会的每位人员。

3. 将草拟的"职务描述书"与"任职说明书"与实际工作对比，以决定是否需要进行再次调查。

4. 修正"职务描述书"与"任职说明书"，对特别重要的岗位，还应按前面的要求进行再修订。

5. 将"职务描述书"与"任职说明书"应用于实际工作中，并注意收集应用的反馈信息，不断完善这两份文件。

6. 对工作分析工作进行总结评估，并以文件形式将"职务说明书"确定下来并归档保存，为今后的工作分析提供经验与信息基础。

工作职务说明书要定期进行评审，看看是否符合实际的工作变化，同时要让员工参与到工作分析的每个过程。一起探讨每个阶段的结果，共同分析原因，遇到需要调整时，也要员工加入调整工作。只有亲身体验才能加强员工对工作分析的充分认识和认同，从而在实践中被有效实施。

二、 提高工作分析效率方法

提高工作分析的效果与效率的方法之一是建立职位分析的目标导向，即指明确规定工作分析的具体目标及其成果的具体用途，以此作为构建整体职位分析系统的依据。不同目标导向的工作分析其强调的重点亦有所不同，领导人应灵活做出反应。

第四章 员工招聘与选拔录用

第一节 招聘的形式

招聘之所以会让无数的招聘者头疼是因为不容易找到那个最合适的人，这个结果的原因是雇佣方和劳动者的信息不匹配，有时候是职位空缺的消息无法及时有效的传达给想要跳槽的目标人群；有时候是想要跳槽的人找不到满意的岗位，信息的不对等导致了雇佣方和劳动者的筛选成本增高，在无法找到最合适的那个机会时，只能选择次合适的机会，这样就会导致人力资源的使用浪费。最佳的招聘结果应当符合两个条件：有足够多的候选人；能识别出候选人中最合适的人。

我国招聘形式的发展大致可以分为四个不同的阶段，其中前两个阶段貌似和新技术没有什么关系，主要还是和社会体制相关，后面的趋势则是因为有了新技术的加入而变得越来越符合招聘的本质了。

一、 包分配

这个应该是社会主义国家独具特色的招聘形式，在人才无法自由流动的年代显得非常普遍，现在看起来却又是那么的不可思议，具体又可以分成两个不同的方式：定向委培和相关专业分配。

定向委培这种方式目前还存在，主要在高校的国防生、大中专的职业技校等，这种方式其实是比较好的人才培养方式，供需对等，不仅可以有效地解决企业的用人问题，还能保证一定的就业量，但是随着市场经济的不断深入发展，市场环境也变得瞬息万变，而委培生一般也都是要经过 2~3 年的培养才能使用，所以带来的难题也就是两年前还是需求的专业，两年后可能就不存在这个工种了，人力资源的浪费情况比较明显，因此定向委培的使用领域将会越来越窄，最终可能会消失。

相关专业的包分配更多的是体现在大学生的分配上，这种分配有时候会显得简单粗暴，只要你上了这个专业，你的工作岗位和方向基本就定下来了，不管你喜不喜欢，不管你适不适合，总之一个萝卜一个坑，并且你必须去那个坑，如果你水土适宜，恭喜你，这辈子还算是比较幸运，能做上一份自己喜欢的工作；但是更大部分的人是无奈的干了一辈子，只为了那个看起来还不错的铁饭碗。大家都知道人力资源发挥最大优势的前提是人岗匹配，当匹配不当时，这个人内在的人力资本的价值就是缩水的，不幸的是包分配的人岗匹配模式根本就完全忽略了这个前提。

二、　人才市场

随着市场经济的不断发展，跨地区流动障碍的降低，人才流动也在不断加速，一方面是政府不再控制人才的流向，另一方面人们也渴望找到更适合自己才能发展的岗位，因此这时的人才市场逐渐发展起来。人才市场就是一块招聘信息与应聘人员信息充分流动的平台，应聘者可以穿梭在不同的用人单位的摊位，用人单位也可以收集更多人的简历，在更大范围内筛选合适的候选人。人才市场这个渠道进一步推动了人岗匹配的契合度。

然而人才市场的弊端在于地域性的限制，人才市场的形成必然是围绕一个固定的地点展开，北京的人才市场所需要的岗位在一定程度上只能为北京地区的人民所知悉和使用，但是有可能某一个岗位最适合的人才是在上海，而上海人民不会跑到北京去应聘一个他根本不知道的岗位，所以地域性的限制导致人才市场在人岗匹配上仍然不是最优化的资源配置方式，这种需求在计算机技术不断成熟的前提下，推动了虚拟人才市场的形成，就是人才招聘网站。

三、 综合性互联网平台

人才招聘网站的出现革命性地推动了人才在更大范围内的自由流动，在这样一个虚拟平台上，雇主很容易的发布自己的招聘需求，目标人群则不受任何限制，只要符合应聘条件都可以来投递简历；而对于应聘者而言也非常容易去寻找适合自己的岗位，通过检索和条件限制的方式来寻找最匹配自己需求的岗位。在推动互联网招聘不断发展的过程中，目前智联招聘、前程无忧和中华英才网是最受用户青睐的招聘门户，当然目前赶集网、百姓网、58同城也都在抢夺这一市场份额，在这几个综合性招聘平台上聚集了大量的企业用户，每天都会产生成千上万个新增岗位，在这种波涛汹涌的更新背后则是人才的大量流动。

随着新技术的不断发展，人们逐渐发现这些门户网站大而全的背后隐藏的弊端是人才筛选成本的逐渐上升，HR每天都会接到无数的投递简历，虽然系统能够自动根据匹配度筛选掉一部分，但是HR仍然会面临数不清的简历纷至沓来。资源的不足和资源的过剩都会让HR痛苦不堪，大量拥挤的人群会让真正的人才淹没。同时HR仍然被困扰的一个终极难题是：仅凭一张简历和短短的几十分钟面试，我如何判断这个人就是我想找的那个人，就算是非常有经验的面试官也没有百分之百的把握说自己满意的人就是最合适的人才。

从如何找到足够多的人，到如何在足够多的人中找到那个最适合人，这成为HR再次需要解决的问题，幸好新技术又发展了。

四、 垂直化和细分化的互联网（含移动互联网）平台

垂直招聘网站就是招聘领域的细分市场，就是专注于某一特定领域满足某一类型的需求。比如针对某一类人群的招聘网站（如针对程序员庞果网，针对大学生的大街网等）；针对互联网的招聘网站（如拉钩网）；针对中高端用户的猎头网络（如天际网、优士网、猎聘网等）；基于兴趣或社区的招聘网站（如CSDN，UCDChina等）；基于社交的招聘网站（如内推网等）；这些网站就是将招聘的目标人群进行细分，根据不同的属性，把不同的人引入自己的网站，而雇主也可以

通过自己岗位的性质选择不同的渠道发布广告，这样的招聘目标性更强。毫无疑问，垂直化的一大好处就是专业靠谱。如果只专注于某一个特定领域，那么企业就能更好地提升招聘服务的专业性与针对性。对于用人单位来说，一个专注于其所在领域的招聘网站肯定更懂行，在这里找到的人才会更加专业，质量更高。对个人求职者来说，肯定会认为一个专注于某一领域的招聘网站更有可能提供心仪企业的招聘信息，从而提高获得满意工作的概率。

社交化招聘也是另一个发展的趋势，社交网络和移动互联网的异军突起彻底改变了人们的生活方式，现在你还能想起来在微博微信没有出现前，你每天上网都干吗？如果你需要想一下的话，就说明你已经完全进入了社交时代，社交时代最基本的一个原理叫"六度分割"理论，就是说你和一个完全陌生的人之间只隔了 6 个人，所以你可以通过社交网络连接上这个世界的所有人（虽然只是理论上而言）。在移动互联网的推波助澜下，人们开始发现社交招聘网站的可能性。你应该知道在国外风靡已久的职业社交网站 Linkedin 的吧，调查显示，52%的企业认为社交网络是他们吸引求职者的重要平台。60%的受访者表示，通过 Linkedin、Facebook 等社交网站寻找更多高质量的职位候选人，将成为他们招聘策略中的关键举措。由此可见通过社交网络特别是职业社交网站寻找求职者已经成为招聘方，起码是国际企业的一个重要招聘形式。

社交招聘的真正价值在于，通过与社交网络用户的互动，招聘双方可以获得更多更全面更真实的信息。求职者可以了解企业的文化、需求偏向、实时动态等，可以更加准确的判断企业需求与自身条件是否匹配。用人单位通过求职者在社交网络上的活动可以获得全面、真实的求职者信息，而不再局限于一张简历，这样才能招到更高质量、更符合企业要求的人才。

未来的发展趋势为大数据精准招聘。最新的技术不是社交网络了，而是大数据，这个技术趋势将会再次彻底改变商业环境和人们的生活方式。现在是一个电子设备和虚拟网络的时代，每个人都会接触网络，并在网络上留下自己的痕迹，这些痕迹其实就是数据，这些数据记录了你的喜好，记录了你的经历，记录了你的思维水平，记录了你的社交网络，记录了你的行为风格，当这些数据越来越多时，它就能预测你的可能性，这些数据将会充满智慧。

招聘的根本目的是什么？就是要通过简历和面试来预测你是否适合岗位的要求，试想一下，如果每个人都自带一个数据包，这个数据包里是自己过往的一切经历（当然是不可更改的），雇主通过数学模型构建了一个人和岗位的匹配算法，你一旦将数据包分发给公司用来测试，也许几分钟的时间就能得到你和这个岗位的匹配度分数。以后 HR 也许就不会再面试了，直接通过调用各个申请人的数据包去匹配岗位的需求模型，得分最高的那个人就是最合适的，选他应该没什么问题。

五、　典型案例

案例一：全球客服的呼叫中心 Transcom，由于公司的人员流动率过高，在 2012 年下半年使用大数据进行员工行为分析。在分析"诚实"这一品质时，员工会被问到，是否能够进行简单的快捷键操作，如复制粘贴。如果答案是肯定的，他们将会被要求在键盘上进行实际操作。结果，负责收集和分析数据的 Evolv 公司发现，哪些在"诚实"方面得分高的员工，稳定性会比其他员工高 20%~30%。因此，Transcom 改变了招聘的策略，优先雇佣这些有着同类型"特质"的员工，这让他们雇佣员工的数量下降 20%，因为团队的稳定性更高，也节省了培训新员工的成本（新员工培训成本约为 1500 美元/人）。

案例二：2015 年，IBM 用 13 亿美元收购了 Kenexa，一个线上的招聘培训服务机构，它的问卷调查每年能够覆盖 4000 万的工作申请者和管理者。纽约时报分享了其中一个细节，IBM 发现，一个成功销售员的特质并不在于他的外向内向性格，而在于自我鼓励的强度，也就是被拒绝后继续坚持的品质。而其他公司，如甲骨文，SAP 也正在跟进大数据招聘这个领域的服务。

新技术的发展总会带来更多的便捷性和精准性，对于人力资源管理而言，拥抱新技术也许是最合适的选择。

第二节　　招聘的方法

在招聘方法中首先确定招聘的形式，人员招聘的形式有内部提升和外部招聘两种，具体如下：

一、　内部招聘的主要方法

（一）　组织内部公开招聘

通过广播、公告栏或口头传达等方式让全体员工了解现有职位的空缺数以及申请人资格限制等信息，鼓励员工积极应聘，争取更好工作机会的方法。组织内部公开招聘不仅有利于激发员工的积极性、主动性和创造性，也有利于组织内劳动力的有效利用。但是，组织在进行内部招聘时必须注意，在信息的公布、选拔程序的制定以及申请人资格的限定等方面一定要坚持公平、公正原则，要保证组织内部招聘渠道的畅通。

（二）　内部员工推荐

内部员工推荐是指当员工了解到组织的人力资源需求后，向组织推荐其熟悉的内部或外部人员让组织进行考核的一种方法。选择这种方法的优点是由于员工对任职资格已经有了相对的了解，所以他们推荐的人都是有备而来，这样有助于人力资源管理人员节省时间。

（三）　利用组织人才库及其相关信息

对于现代企业来说，大多都有一个相对完善的人才库，组织可以利用这些人事档案信息和相应的技术信息进行招聘。

（四）　工作公告与工作投标

工作公告和工作投标是企业及时向员工通报企业内部现有的职位空缺的一种方法。

二、　外部招聘的主要方法

（一） 广告招聘

广告招聘是指通过广播、报纸、杂志、电视等新闻媒体面向社会大众传播招聘信息，通过详细的工作介绍和资格限制吸引潜在的应聘者。广告招聘对任何职务都适用，它是现代社会非常普遍的一种招聘方式。一般来说，广告内容要包括公司基本情况介绍、职位描述、应聘者资格要求、联系方式和应聘方式等。

现代市场最常见的广告媒体有报纸、杂志、广播、电视、网络等。在进行广告媒体的选择时，批发商必须考虑以下五点：第一，选择的媒体要能够及时地将有效信息传播给目标受众。第二，批发商在进行广告媒体的选择时，要考虑应该吸引到哪些人而不是吸引多少人，因此对广告媒介的选择要注重目标性。第三，要注意所选择媒体上同类广告的数量和质量。一般来说，进行广告设计时要注意以下五个方面：第一，趣味性。广告最重要的是有趣味性，要新颖别致，要能在第一时间内吸引目标受众，要有让目标受众长时间关注的兴趣点。第二，创意。一个好的创意是广告的生命之源，只有有了好的创意，才能准确地表达思想，才能引起人们的注意。第三，策略。任何一个好的广告都有一个非常好的策略，这个策略就是吸引目标受众的策略。第四，设计。广告的设计一定要独特，要坚决避免千篇一律的现象，要在第一时间内抓住目标受众的视角，使其能够有立即行动的决心和信心。第五，广告的撰写要做到真实、合法、简洁、准确。虚假广告不仅影响企业的招聘效果，而且还破坏企业的形象，甚至组织还可能为此承担法律责任。

（二） 校园招聘

常常通过赞助学校文艺、学术等活动的方式来扩大知名度；有些企业还通过设立奖学金的办法与学校建立长期的稳定关系，使学校真正成为员工的来源之地。

在校园招聘的过程中，批发商可以通过举办大型专场招聘会的方式进行招聘，也可以通过选择校园广播、校园网络、公告栏或学院推荐等渠道进行招聘。

校园招聘也存在不足之处，主要表现在：第一，受招聘时间的限制。对于大多数企业来说，随时都有补充新员工的需要，而应届毕业生每年只能招聘一次，并且要受到时间的限制。企业如果需要对人才进行储备，就必须编制人才储备预算，在预算控制下进行招聘，以免出现人才浪费。第二，实际工作经验缺乏。一般来说，校园招聘大多招收应届毕业生，而学生在校园里是以书本知识为主，他们的实际工作经验缺乏，需要企业对他们进行一定程度的培训才能真正发挥作用。对于那些急于用人的企业来说，进行校园招聘很难达到目的。

（三） 猎头公司

所谓猎头公司就是为企业寻找高层管理人员的服务机构。猎头公司一方面为企业搜寻高级管理人才，另一方面也为各类高级管理人才寻找合适的工作。猎头公司拥有自己的人才库，他们掌握着大量的求职和招聘信息，它们熟悉各类企业对特殊人才的需求，因此利用猎头公司进行招聘一般成功率较高，但相应的费用较高。

（四） 利用网络进行招聘

随着网络的普及和计算机技术的发展，利用网络进行电子化招聘已经越来越广泛地被企业所采用。这种方法传递信息快捷而准确，影响范围又十分广泛，且费用低廉，不受其他因素的影响。目前已经有许多企业在自己的网站上设立了专门的招聘专栏，这不仅为求职者带来了极大的方便，而且对公司形象的宣传也起到了非常好的效果。

（五） 人才交流中心

在全国的各大中城市，一般都有人才交流服务机构。这些机构常年为企事业用人单位服务。它们一般建有人才资料库，用人单位可以很方便地在资料库中查询条件基本相符的人员的资料。通过人才交流中心选择人员，针对性强、费用低廉，但对一些热门专业的人才招聘效果不太理想。

（六） 招聘洽谈会

人才交流中心和其他人才机构每年都要举办多场人才招聘洽谈会。在洽谈会中，用人企业和应聘者可以直接进行接洽和交流，节省了企业和应聘者的时间。随着人才交流市场的日益发展，洽谈会呈现出向专业方向发展的趋势。比如，有中高级人才洽谈会、应届毕业生双向选择会、信息技术人才交流会，等等。由于洽谈会应聘者集中，企业的选择余地较大，但招聘高级管理人才还是比较困难。

三、 招聘组织

一个有效的招聘团队组织应该有以下几个角色划分：

组长：主要是监督招聘工作的进度，确保任务保质保量完成。

副组长：严格按照招聘计划方案合理分配招聘任务，并带领团队按计划予以落实，确保完成任务。

招聘项目专员：严格按照计划推进招聘工作的进度，如期完成招聘任务。

招聘组织人员要对招聘最终结果负相应的责任，并按照完成情况给予相应的考评，并作为月度考评的重要依据，从而给招聘组织的执行力加一个保险。

四、 相应的支持工作

招聘工作作为人力资源管理工作的重要组成部分，不仅关系到培训、薪资、绩效等模块的开展，而且对公司的发展也起到关键性作用，一个快速发展的企业需要稳定、高效的人才队伍支持，这就需要我们具有强大的培训机制来提升员工的素质能力，需要公平合理的绩效考评机制来衡量员工的业绩，让员工拿到满意的薪酬，通过企业文化建设，开展员工思想工作，从而为公司的发展提供一个最关键的保障。

第三节 甄别与选拔

"如何识别人才"从古至今都是一个永恒不变的话题，在社会变迁日新月异、经济发展突飞猛进的今天显得尤为重要，因为人是任何组织存在和发展的基础，也是整个人类社会发展进步的根本。

孔子曰："凡人心险于山川，难于知天。天犹有春秋冬夏旦暮之期，人者厚貌深情。"原惠普公司首席执行官、道琼斯工业指数成分股企业中唯一的女性总裁卡莉·菲奥莉娜（Carly S.Fiorina）也曾说过："说到底，商业并不是和数字打交道，而是和人打交道。"

在我国历史上，正确识人、用人与否直接影响着历史的变迁：商汤辨味求伊尹开创殷商基业，文王渭水识太公兴周八百年，刘备三顾茅庐拜孔明创蜀中霸业，孝庄两度启用济世培养出一代圣君康熙，曹操以貌取人失西川沃野千里，孔明用人失误致街亭失守……

可见，人是人类社会存在的基础，人才是人类社会发展进步的推动力，如何识别真正的人才也就显得至关重要。古往今来，人们从来就没有停止过这方面的研究，也不乏很多有效的方法。

在中国古代，各种识别人才的方法已是层出不穷。孔子用"智、仁、勇、艺、礼、乐"来辨别人才，孟子则认为同时具备"仁、义、礼、智"四种优秀素质的人即有"德"，太公的《八韬》、《吕氏春秋·论人》八观、李悝的《五视》、诸葛亮的《七观》、曾国藩的《冰鉴》等都反映出了古人识别人才的聪明才智和绝妙办法。比如，诸葛亮的《七观》就明确提出"问之以是非而观其志，穷之以辞辩而观其变，咨之以计谋而观其识，告之以难而观其勇，醉之以酒而观其性，临之以利而观其廉，期之以事而观其信。"意思就是说"向对方提出大是大非的问题，看他的志向、志趣有何特点；通过出其不意的问答来观察其应对问题或突发事件的应变能力；向他咨询计谋以观其学识；告诉对方棘手的问题以考察其勇气；通过一起饮酒来观察其酒后的言行及性情；给予一定的利益诱惑以观察其是否清正廉洁；托付某些事情，看其是否能说到做到，是否守信用"。

在进入 21 世纪的今天，作为希望长期发展的企业来说，识别真正的人才便成了企业招聘工作的核心问题。那么，现代企业如何辨别人才的真伪呢？本书将介绍甄别选拔人才四部曲"望闻问切"法。

一、 如何"问"

在面试环节，很多面试官简单地认为"提问题嘛，谁不会？""我是这方面的专家，我是这个部门的负责人，难道我还不知道该问什么吗？"而现实恰恰就是这样，很多人因为专业技术过硬或者工作勤勤恳恳被提拔为管理人员，但管理经验欠缺、管理方法落后，作为管理人员，扪心自问："我在面试的时候真的会问吗？"

我们有的面试官在面试之前不清楚所招聘的岗位职责，也不清楚具体的任职要求，甚至事先没有看过应聘者的简历，只是在与应聘者面对面坐下来以后才匆匆翻阅应聘者的资料，开始天马行空地提问，然后草草了事，胡乱给个评语。试问，这样的面试，能判断出应聘者的真实情况吗？能真正招聘到合适的人才吗？最终的结果只可能是，让优秀的人才看出公司的不规范从而流失，让无才无德者浑水摸鱼钻进来。

扁鹊可以通过问诊了解病人既往病史与家族病史、起病原因、发病经过及治疗过程，主要痛苦所在、自觉症状、饮食喜恶等情况，结合望、切、闻三诊，综合分析，做出判断。那么，在面试工作中，如何问？问什么？这是面试官首先需要解决的问题。

（一） 面试前做好充分的准备

对于应聘者，特别是潜在的应聘者来说，自他们踏入企业大门之时起，企业的每一个细节就已经在其心中留下了印象，事关他对企业的整体判断。而且，良好、充分的准备工作也将有助于面试官有条不紊地对应聘者进行面试，不至于因准备不充分而手忙脚乱。因此，面试官在开始正式面试之前首先要做好如下准备工作：

1. 全面了解公司的现状及发展规划。一个企业的产业结构、产品、目标、发展规划及文化特点直接影响到对内部人才的凝聚力和对外部人才的吸引力。如果没有富有竞争力的产品、没有明确的发展目标、没有良好的企业文化氛围，无疑吸引不了优秀的人才。同样，如果面试官不清楚企业的产品和发展目标，不明白企业的文化，也会将优秀的应聘者轻而易举地拒之门外。

2. 认真分析所招聘岗位的岗位职责及任职要求。开始正式面试之前，首先必须清楚招聘什么样的岗位、该岗位的工作内容有哪些、任职者具体需要什么样的技能和经验等等，因为这些信息是招聘和面试的基础与前提，如果对岗位职责和任职资格都不清楚，那么，我们的招聘也就成了瞎子摸象，面试工作也就是为了完成这么一个可有可无但不得不走的过场而已。

3. 组建面试团队，确定人员分工，并对面试官进行必要的培训。

4. 选择面试方法，拟定面试问题及评判标准。

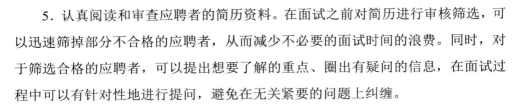

5．认真阅读和审查应聘者的简历资料。在面试之前对简历进行审核筛选，可以迅速筛掉部分不合格的应聘者，从而减少不必要的面试时间的浪费。同时，对于筛选合格的应聘者，可以提出想要了解的重点、圈出有疑问的信息，在面试过程中可以有针对性地进行提问，避免在无关紧要的问题上纠缠。

（二） 根据岗位类型选择适合的面试方法

在面试的过程中，常用的面试方法有非结构化面试法、结构化面试法和评价中心技术法，在进行面试时应根据招聘岗位的特点选择适合的方法。

1．非结构化面试法

非结构化面试法没有既定的模式、框架和程序，面试官可以"随意"向应聘者提出问题，提问的内容和顺序都取决于其本身的兴趣和应聘者现场的回答，而应聘者回答问题也无固定答题标准。这种面试方法简单易行，不拘场合、时间、内容，应聘者防御心理比较弱，了解的内容比较直接，可以有重点地收集更多的信息，反馈迅速。但缺少一致的判断标准、难以量化，有时会转移目标，面试结果容易受面试官好恶的影响。这种方法最原始、为众多非专业面试官广泛使用，但不易掌控、容易走样、效果较差，不建议使用。

2．结构化面试法

结构化面试是指依照预先确定的题目、程序和评分标准进行面试，要求做到程序的结构化、题目的结构化和评分标准的结构化。

由于结构化面试具有内容确定、形式固定，面谈测评项目、参考话题、测评标准和实施程序等都是事先经过科学分析确定的，更主要的是要点突出，形式规范、高效，便于面试官面谈时操作，能保证整个面试有较高的效度和信度，确保招聘的准确性。这种面试方法相对于非结构化面试，易于掌控，准确性更高，越来越得到广泛运用，在比较重要的面试场合，如录用公务员，选拔管理人员、领导人员等，常采用结构化面试。

3．行为描述面试法

行为描述面试实际上是一种特殊的结构化面试法，采用的问题都是基于关键性特征的行为性问题，着重考察应聘者都曾做过什么，并且在做的过程中表现如何。

此方法的两个假设前提条件决定了它远优越于其他方法：一是一个人的过去行为最能预示其未来行为，一个人的行为是具有连贯性的。我们会发现，一个经常跳槽的人即便到了新单位也不会很稳定；一个在原单位就是个刺儿头的人到了新单位也不会很友好；一个爱搬弄是非的人到了哪儿都一样地挑事儿……这些都充分地说明了一个人的行为具有连贯性，从其过去的行为就能判断出他今后的表现。二是说和做是截然不同的两码事，要注意了解应聘者过去的实际表现，而不是对未来的承诺。有的应聘者能说会道、滔滔不绝，被誉为"面霸"，在面试的过程中完全能变被动为主动。在我们众多单位中也不乏这样的人，他们没有任何实际能力，就凭一张嘴混日子，成天海阔天空，能把一件事情吹得天花乱坠，甚至能画一个大饼让你每天挂在脖子上充饥，但当遇到具体问题的时候，就避重就轻、推卸责任，想方设法开溜。为什么很多单位都是有这样的人存在呢？一个重要的原因就是在面试环节没能认真把关，抑或是根本就没有办法识别这样的人，被这些虚假的人蒙蔽了双眼。

有人可能要问了，既然这样，我们如何提问才能问出应聘者的真实情况呢？很简单，就应聘者的某个具体的实例进行深入地追问，要有"打破砂锅问到底"的精神，同时，在问的过程中注意观察、做好记录、认真分析。下面，就行为描述面试提问法给出一个例子：

面试官：请问您在招聘过程中有出现和用人部门意见不一致的情况吗？

应聘者：出现过一次。

面试官：能具体说说当时的情形吗？

应聘者：当时用人部门招聘两名保安，要求身高必须在175cm以上，我们推荐了5名初试合格的应聘者给用人部门，其中一名特别优秀的应聘者因身高只有168cm而被用人部门拒绝了。

面试官：那您是怎么处理的呢？

应聘者：我给用人部门的经理讲，好的保安应该具备极高的警惕性、强烈的责任心和应变能力，而且，身高越高灵活性越差、反应越迟缓，我们需要的是实际能承担起工作的人，而不是简单地用身高来吓唬人。

面试官：那他听了之后什么反应呢？

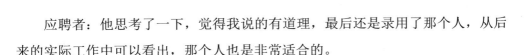

应聘者：他思考了一下，觉得我说的有道理，最后还是录用了那个人，从后来的实际工作中可以看出，那个人也是非常适合的。

4．评价中心技术

评价中心技术是在第二次世界大战后迅速发展起来的，它是以测评管理素质为中心的标准化的一组评价活动，在这种程序中主持人针对特定的目的与标准，把受评人置于一系列模拟的工作情景中，由专业考评人员对其各项能力进行考察和预测，了解其师傅如何胜任该项工作。该方法主要用于在选拔管理人员时，作为面试和笔试结果的重要辅助测试。

评价中心技术的主要方法有无领导小组讨论、公文测试、角色扮演、管理游戏、书面案例分析等等。

（三）　关注核心的面试问题

在面试过程中，应聘者的某些信息是面试官必须认真了解的，因为只有通过认真核实这些信息才能真正发现该应聘者的真实情况并判断是否适合所聘岗位。

1．教育背景

在当今这个虚华的社会，造假的东西太多了，假烟、假酒、假药、假食品、假新闻，甚至假人满天飞，假文凭也不例外。为了避免不学无术的学历造假者混进单位，从而埋下一颗定时炸弹，面试官在进行简历筛选和面试的时候，就得弄清楚应聘者的真实学历以及知识水平。同时，还得明白，在读学历不代表实际学历，不能说在读硕士就具备研究生学历和水平，取得了本科学历就是本科，只有大专学历就是大专，别被这些所谓的在读的东西所欺骗。

2．工作经历

关注应聘者的工作经历，主要在于评判其曾任职过的单位、职位等，从而判断其与所应聘岗位的匹配度，即能否真正胜任现有岗位工作。如果一个曾经做销售的要应聘财务，或者做采购的应聘研发岗位，即便此人通过一定时间的努力能够达到任职要求，企业也会为此付出大量的时间成本、经济成本和管理成本。另外，如果一个人的职业生涯是在走下坡路，那么这样的人也不可用，有可能他没有明确的职业发展目标，也可能是他根本就没有选对自己的职业，不知道自己适合做什么。

3．职业目标和期望

一个人活着总得有一定的目标。曾经风靡一时的励志电视剧《士兵突击》的主角许三多的座右铭就是："好好地活，就是做有意义的事；做有意义的事，就是好好活。"一句看似矛盾逻辑混乱的话，切实地道出了他通过"不断做有意义的事"来实现"好好地活"的目标。他的班长老马为这个"许木木"每天做的傻事所警醒，并告诫他的那些大头兵："别再混日子了，小心日子把你们给混了。"由此可见，如果一个人对自己的人生都没有目标和任何期望，也就别指望他在工作中会有什么目标，在工作岗位上表现出来的绝对就是"当一天和尚撞一天钟"，甚至懒得连钟都不会去撞，因为他不知道撞钟是为了什么。

4．对待该工作机会的态度

有人找工作是为了获得经济回报，有人找工作为了混饭吃，有人找工作为了学知识，有人找工作是为了实现自我价值。每个人对待一个工作机会的动机可能都不太一样，在获得这个工作机会后的工作表现也会大相径庭。无论怎么样，为了混饭吃的人坚决不能要的。这就需要我们面试官练就一双火眼金睛，一眼就辨别出这些"混世魔王"。

5．个人生活和兴趣爱好

个人的生活习惯和兴趣爱好决定了他会选择什么样的职业道路，也影响到他到底能在这条道路上走多远。如果一个喜爱祖国大好河山的人，他的志趣在于背上行囊到处游山玩水，是很难安心于日复一日地每天花10多个小时待在实验室里边只为培育一个细菌的；一个精于搞数学搞物理的人也是没有办法让自己变成一个伟大的艺术家的。因为他们的兴趣、他们的思维模式决定了他们的职业类型和职业道路的长度。因此，在与应聘者进行交谈时，必须弄明白他真正喜欢什么、擅长什么，以实现人岗匹配的目标。

6．把握"问"的技巧。

（1）创造和谐的气氛。在面谈过程中，面试官说话语调应适度、不宜过于大声或过于小声，音调应平缓，不可陡然升高或降低，吐词要清晰，语速可根据应聘者说话时的语速做相应的调整，可与其保持接近，以拉近与应聘者之间的距离。面试中切忌说脏话，同时尽量少讲口头禅，忌用不切实际的"洋话"。

（2）提问要先易后难，由浅入深，所提问题直截了当、语言简练。在提问时，尽量避免提出引导性的问题。不要问带有面试官本人倾向的问题，如"你一定……"或"你没……"开头的问题。不要让应聘者了解你的倾向、观点和想法，以免应聘者迎合你而掩盖其真实的想法。同时，可以有意提出一些相互矛盾的问题，引导应聘者做出可能矛盾的回答，来判断应聘者是否在面试中隐瞒了真实情况。

（3）提问的问题类型要多样性。在面试提问时，既要提开放性问题，也要提封闭性问题，既要提行为性问题，又要提假设性问题。比如："当你就某一问题与其他相关人员达不成一致意见时，你是怎么处理的呢？"（开放性问题）"你们工作中存在的不同意见有没有影响到你们之间的关系呢？"（封闭性问题）"你能不能举一个例子，讲一讲你是怎么处理工作中纠纷的呢？"（行为性问题）"假如你和其他部门就某个问题达不成一致，你该怎么办？"（假设性问题）当然，提问过程需要面试官进行把控，不必拘泥于既定的先后顺序，可根据面试的具体内容，灵活提出。

（4）不该问的千万别问。在人际交往中，我们时时刻刻都离不开"问"，而作为面试官来说，其工作中的一个重要部分就是"问"，但有些问题的确是不宜问的，如个人隐私、宗教信仰、政治话题、家庭储蓄情况、夫妻感情等。在面谈过程中，如果你不识趣地问及对方的"雷区"，尴尬便会随之而来，会直接导致面谈的失败，甚至会引起不必要的法律纠纷。所以，作为面试官，在面谈过程中，不宜问及的问题，千万别问。

（5）主考官要掌握面试过程的主动权。面试的过程就是一个博弈的过程，也像太极的推手一样，在不断的一来一往中，面试官应始终保持对整个面试过程的绝对控制权。想了解什么（不违背法律法规、道德规范及个人隐私方面的问题），就得想方设法引导应聘者说什么，始终"牵着应聘者的鼻子走"。有的面试官，一开始就被应聘者的气势所压倒了，在整个面试过程中，都围着应聘者转，成了应聘者的应声虫，一场面试下来，什么有用的信息都没有得到，甚至可能被应聘者忽悠，把一名各方面素质都差的人当作优秀的人才给录用了。其实，这样的事例比比皆是，结果就是给企业带来了严重的用人成本和管理成本。

（6）面试中应给应聘者弥补缺憾的机会。由于时间关系，或者受面试氛围、外界信息量等方面的影响，应聘者在面试结束后，可能需要进一步了解所应聘岗位和公司的具体情况。为此，面试官在面谈结束时应采取较为轻松的方式再次缓和气氛，如可以询问"还有什么需要了解的吗？""需要多少时间能到岗？"……这样一方面可以使应聘者更全面了解企业的情况，更能感受到尊重和重视，加深应聘者对企业的好感；另一方面进入轻松谈话阶段，反而可以从一些细微处反映出应聘者的性格和某些特点，有助于面试官进一步了解应聘者的真实情况。

二、 如何"望"

扁鹊通过对病人的神、色、形、态、舌象等进行有目的的观察，便能测知内脏病变。同样，在面试的时候，面试官也可以通过观察应聘者的言谈举止来对其进行鉴别。由于出于种种原因，人与人之间在第一次交流时总会有意无意地或多或少地掩饰一些东西，而心理学研究发现，一旦人在表达出与内心世界完全不同的东西之后，总会不经意地用某些小动作加以掩盖，以谋求心与口的平衡。恰恰就是这些小动作充分地反映出了当时的实际情形，这些小动作也是面试官在面试的时候应该特别关注的细节问题。

比如一个人的站立、坐姿、精神面貌，抑或是一根手指头、一个眼神都能反映出他当时的内心世界。如果应聘者在回答某一问题时的肢体语言或表情与所表达的内容不一致、不协调，那么将有必要在这个问题上继续追问求证。这些肢体语言和面部表情可参照表 4-1 进行评判。

不过，肢体语言的情境性强，不同员工在同一情境下的同一肢体语言传递的信息不一定相同，同一员工在不同情境下的同一肢体语言传递的信息也不尽相同。因此，面试官应根据实际情况，参考肢体语言传递出的信息，但不能单纯地根据肢体语言来下定论，而应在接下来的面试提问中，收集更多有用的信息，进一步做出验证和判断。

三、 如何"闻"

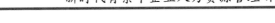

表 4-1　肢体语言信息的含义

身体部位	肢体动作	典型含义
头部	抬头上昂	自信、果断、较为自我
	向左倾	享受谈话过程、放松
	向右倾	在思考与判断、紧张
	摇头	不赞同、不相信、震惊
	咬嘴唇	紧张、害怕、焦虑
	抬一下眉头	怀疑、吃惊
	鼻孔放大	生气、受挫
	微笑	满意、理解、鼓励
眼神	看表	不耐烦、缺乏耐心
	正视面试官、面带微笑	感兴趣、注意力集中或自信、友善、诚恳、外向
	目光向下	不相信所听到的内容
	眼神游离	紧张、不自信、说谎
	眯眼睛	不同意、反感、生气
坐姿	姿势放松	坦诚、没有好隐瞒的
	身体前后摆动	紧张或有疑问
	往前倾	注意、感兴趣、谦虚
	往后靠	放松、自我、骄傲
	坐在椅边上	不安、厌烦、警觉
	坐姿笔直	自信、果断
	驼背而坐	缺乏安全感、消极
	懒散地坐在椅子上	厌倦、放松
	摇椅子	厌倦、自以为是、紧张
手	触摸脸部的任何部位	没有把握
	搓手	不耐烦、缺乏耐心
	手抖	紧张、焦虑、恐惧
	玩弄笔、手表、手机或其他物品	心不在焉、不感兴趣
	说话时捂嘴	说谎
	双手放在背后或环抱双臂	防备
	手挠喉咙、手放在嘴唇上	不认同、准备发言反驳
	手绕衣角或其他东西	不自信、紧张，或者心不在焉、不专注
脚	两脚张开、脚尖朝对方	开放、诚恳
	两腿交叉，向内收回	封闭、不友好
	两脚交叉并一只脚不停摆动	厌倦、懈怠

扁鹊通过听声音和嗅气味两个方面，从听患者语言气息的高低、强弱、清浊、缓急……等变化来分辨病人病情的虚实寒热。

在面试的时候，既然需要提问，也知道了如何进行提问，还得也得学会倾听。

（一） 多听少说，注意思考

在整个面试的过程中，面试官的一个重要的作用就是引导，引导应聘者展现出他真实的一面。在提问面试问题之后，应认真倾听应聘者的回答，同时对其回答进行整理分析。要注意多听少说，要明白面试的目的是为了让应聘者尽可能多的说，而面试官只是引导，不能够本末倒置。我们有的人在面试的时候，占用一两个小时与应聘者进行面谈，而在整个面谈的过程中，可能应聘者总共说的时间就 10 分钟左右，剩下的全是我们面试官在天马行空地发挥。这样一来，不但考察不出应聘者的真实情况，还容易将优秀的应聘者拒之门外，结局只有一种：无法招聘到合适的人才。

（二） 善于把握和调节应聘者的情绪

在很多时候，应聘者在面试过程中或多或少地会表现出紧张。为了让应聘者消除紧张情绪，展现出其真实水平和状态，这就需要面试官随时注意把握和调节应聘者的情绪。比如，在面试正式开始之前，可与应聘者进行简单寒暄，问问乘坐什么交通工具来公司的、路上是否顺利等等，然后逐渐转入正式提问阶段。另外，如果不是面试需要承受强大压力的工作岗位，一般不建议提出过多的压力性问题。

1. 注意倾听，不要随意打断应聘者

倾听是一门艺术，也是一门技术，同时也是一个人基本修养的体现。善于倾听是作为一名管理者必须具备的基本素养，也是作为面试官应具备的基本技能。

有这么一类管理人员和面试官，他们根本不懂得什么叫倾听，不明白倾听是一个人的基本素质，当与他人沟通时，总是抢占话语主动权，不给对方说话的机会，也根本不听别人说什么，更不用说去判断别人阐述的内容是否合理、有无对错，只顾连珠炮似的表达完自己的意思。这样的沟通，永远达不成一致，带来的只会是隔阂和信息的不对称。可以想象，在面试的过程中，如果采取这样的倾听方式，将会是一个什么样的后果。

同时，在面试环节，面试官抛出问题后，就要认真倾听，对应聘者所提供的信息进行整理分析，对有疑问的地方加以追问，看应聘者能否给出合理的回答。如果不是出现原则性的内容或者出现严重跑题的情况，面试官不宜随意打断应聘者的谈话。一旦应聘者所谈论的内容明显偏离面试主题，面试官需及时用引导性的语言让其回归正题。

四、 如何"切"

中医通过用手触按病人身体，借此了解病人病情。但在这一环节，面试工作的"切"略有不同，整个面试过程，完成了以上"问、望、闻"三步，接下来就到了下结论这一步了。

但是，有人担心通过以上三步，还是不能对应聘者下结论，该怎么办呢？此时，我们可以通过相关的测评对面试结果进行辅助评判，比如心理测试、能力测试、人格测试等等。当然，测评结果只是面试结果的一个辅助性说明，不能完全依靠测评工具，也不能完全单方面相信测评结果，只有将面试结果与测评结果有机结合起来，才能对应聘者做出全面、准确的判断，从而招聘到适合的人才。

为什么我们的产品出来之后都是一模一样的规格和型号呢？因为它们都是用一个模板刻出来的。同样，我们在招聘面试时，也得有一个模板，看应聘者是否真正符合这个岗位。既然面谈完了，也测试过了，我们就得对其进行一个评价，评判一下把他放到那个"模子"里边去是不是刚好合适。不同的产品有不同的模板，不同的岗位也有不同的要求。比如，在选拔管理岗位时，应重视其专业性、统筹协调能力、沟通能力、应变能力等等；在选拔财务人员时，应注重其专业性、细心度、稳定性和个人品质等等；在选拔营销岗位时，应强调应聘者的开拓精神、沟通能力及压力承受能力……

另外，在最终筛选的时候，还应剔除"伪人才"。如华而不实者、溜须拍马者、貌似博学者、不懂装懂者、滥竽充数者、鹦鹉学舌者、固执己见者等等，这些人个个都是"东郭先生"，最主要的是人品和道德都存在问题，这样的人该义无反顾地拒绝的。

是不是做好以上四步就能使面试工作百分之百地准确无误呢？未必！因为这是一个专业的方法和技术，是需要不断学习、不断钻研、不断总结的，反复实践的。同时，还有很重要的一点，那就是注意避免受面试官的个人感情因素影响。

由于受多方面因素的影响，面试官在面试过程中或多或少会带有个人偏见，如不喜欢应聘者的长相和穿着，或者觉得应聘者声音比较怪异等，常见的个人偏见主要有以下几种：

（一）第一印象；

（二）对比效应；

（三）晕轮效应；

（四）录用压力。

在招聘过程中要尽力避免偏见的产生。相信通过以上四步，经过层层筛选，真正的金子也就自然而然地浮出水面了。

第四节　　员工录用

目前来说大部分应聘者为中青年，如今 80 后、90 后新生代员工在绝大多数中国企业的人员年龄结构组成上已成主流，他们在企业工作的稳定性对企业经营生产影响深远，特别是大多数中小企业，由于自身规模较小，实力较弱，待遇一般，且个人发展空间不足，导致企业走进"招人—人员流失—招人—人员流失……"的尴尬局面。另结合企业所处的外部环境因素影响，如企业所处的区域较偏，所在地的用工环境较差，包括劳动合同签订及社会保险购买监管力度不足，当地企业设计的基本工资普遍较低，加班费支付不足，休息休假时间较短等，让企业所在区域对劳动人员吸引力不足，最终引起企业人员招聘困难，所需生产人员无法满足原先企业各岗位的人员需求。而企业生产人员不足，则令与客户协商好的订单交期不能如期完成，与客户及时处理沟通好的，尚可以免于赔偿；但客户如果严格执行购销合同约定的，则赔偿可能让全体员工辛辛苦苦才完成的订单变得无利可图。另外，因为人员流动性大，大多数劳动密集型中小企业认为员工所从事岗位工作技术简单，人员到岗后未能按生产作业指导书及时对他们进行培训，导致所生产出来的产品质量低下，合格率低，废品率高，所产生的返工成本亦高，在降低了公司生产利润的同时，公司信誉也在客户那里形成了较为不良的评价。这样的情况如不能及时得到改善，企业离走向倒闭也就不远了。因此，我认为中小企业在招聘用人时，需对自身不足进行查找完善，然后再充分利用各种招聘渠道手段搜索人才，面试过程中需注重宣传公司优势福利、人性关怀及符合法律法规的规章制度等，同时注重根据新生代员工心理特征、需求适当灌输科学人生观就业观教育。最后才对整个面试沟通作综合评价，选择愿意配合公司现阶段工作环境，愿意与公司一同成长的员工予以录用。录用后还需及时进行入职指导，让其尽快熟悉公司工作生活环境。以下，是笔者结合中小企业在招聘录用时的薄弱项提出所须注意的工作环节：

一、 做好人力资源规划的工作岗位分析及劳动定员工作

（一） 岗位分析

工作岗位分析，就是对各类工作岗位的性质任务、职责权限、岗位关系、劳动条件和环境，以及员工承担岗位任务应具备的资格条件所进行的系统研究，并制定出工作岗位说明书等岗位人事规范的过程。

因此，做好工作岗位分析是后续开展招聘录用工作的前提条件，为招聘面试打下良好的坚实基础。招聘人员开始招聘工作前，必须清楚所招聘岗位工作情况，了解该岗位需懂得哪些基本技能。因为每个人都有自身的专业范畴，作为人力资源工作人员不可能对每一个工作岗位的工作技能一清二楚，有些技能可能一知半解，有些技能可能完全闻所未闻。所以人力资源工作人员在开展招聘工作前，必须认真了解所招聘岗位的工作说明书，对里面的工作技能进行充分了解，不懂部分要及时向该专业人员请教学习。否则无法与求职者展开面谈，无法制定面谈问题，对求职者所说的问题也不知所云，那就更无法确定求职人员是否符合公司该岗位任职要求了。

（二） 劳动定员

劳动定员，其概念是在一定的生产技术组织条件下，为保证企业生产经营活动正常进行，按一定素质要求，对企业各类人员所预先规定的限额。

劳动定员必须根据公司组织架构的部门配置状况、正常业务量、各生产工种相应生产效率及工作时间制度等实际情况进行编制。其意义在于可以通过科学的计算方法得出各岗位所需人员数量，防止随意提出招聘需求，结合公司人员在职状况对各岗位人数的了解，方便存在富余人员的岗位做出横向调动，暂时满足缺员岗位。避免增加无谓的人工成本，增大公司不必要的成本开支。

二、 开展招聘工作时主动宣传公司优秀的企业文化和规章制度

企业文化的宣传不仅有利于公司自身文化传承，也有利于吸纳更适合公司的人才。企业文化是指企业在长期发展过程中逐渐形成的为企业大多数成员所认同的基本信念、价值标准和行为规范。概念比较抽象，我认为企业在日常开展生产经营活动同时，注重员工的业余关怀，比如建立员工关怀基金用以在员工或员工家属在生活上遇到厄运而无助彷徨时，适时通过该基金给予慰问关怀，虽然可能该慰问金额不大，但可以让员工感受到公司领导对其的关心与爱护，感受到公司大家庭的温暖；又比如企业将自身形成良好的5S习惯宣传出去，给大家看到这家企业在生产现场环境上具有安全、整齐、整洁效果，让人感觉到这家企业具有严谨规范的工作作风。这些都属于企业文化的一部分，我们可以在招聘简章上或宣传图片上，把企业这些良好的企业行为文化通过图片文字的形式宣传出去，让求职人员体会到这家企业虽然现阶段还处于起步发展阶段，但它在生产上各个环节是严格按照流程规范开展的，在生活上是给人温暖舒服的，让他们认为在这家公司工作心理上将是很有安全感，从心里认同这家企业，而产生向往并愿意尝试加入进来与公司一道成长。

而关于工资福利待遇的规章制度，又是另一个让求职人员进一步深入了解公司基本状况的一个渠道。我想对于每一个求职人员，他在找工作时都想找一家工资福利待遇比较好的公司，以让自己在生活品质上有所保证或进一步改善。他们在众多的求职搜索渠道中筛选出让自己满意的企业比较，最明显的就是招聘网络上的企业简介和现场招聘会的招聘简章。如果一家企业的工资福利待遇制度吸引人的，其点击率或驻足人数则相对较多，打电话了解或投送简历的人数亦较多；

而那些工资福利制度简单，甚至没有写明工资福利制度的，则给人感觉这家企业在招聘用人上相对马虎了事，大家可以从这些表面工作上去猜测这家企业的管理是否完善，直接影响了求职人员的面试意愿，那在现今竞争激烈的人才市场之中，对招聘企业来说是相当不利的了。因此，我们必须对企业自身优秀的工资福利制度予以重视，尽量把自身认为较好的工资福利项目因素对外表达出去。并在员工面试时，能积极主动地予以解释，以让求职人员能全面地了解自己所面试公司的情况，并形成良好的评价和入职意愿。

三、 结合新生代员工心理特征适当开展人生观教育

新生代员工年龄主要为 16 岁至 28 岁，总结他们的心理特征主要有如下几点（本人叙述的主要为人力资源工作人员在招聘面试时需注意的一些新生代员工心理特征，在沟通交谈时给予重视，其他的心理特征在此不加以叙述）：

（一） 打工年龄小，期望高，吃不了苦

大多数新生代员工初中刚毕业就出外打工，他们来到企业所在地区时往往踌躇满志，想通过自己的一番努力积累一定的资本，过上较为优越的生活，可谓对生活充满美好的向往。但由于年纪较小，所接受的教育亦较少，在工作上因知识面、社会阅历不足而影响了对工作的理解接受能力，工作技能水平提升相对较慢，工资水平的提高自然亦变得困难；同时，新生代员工出生时家里给他们的生活条件相对父母一辈已有了很大的改善，他们通过发达的传媒信息，如网络、电视渠道接触到大量的讲求享乐，享受高消费生活的信息，而对社会上充满诱惑色彩的缤纷世界缺乏理智的分析能力，以致对物质和精神享受要求高，但工作耐受力却较低，较难承受企业里劳动强度较高的一线工作。

（二） 自我主观意识强烈

新生代员工多为独生子女，他们在家庭里可谓是爸爸、妈妈、爷爷、奶奶手中的一个宝，在家庭教育上常常被溺爱、迁就，而缺乏素质教育，造成了他们独立开放，追求自我张扬的个性。在日常员工管理中，如果企业主管还是采用过去那套家长式的发号施令去让新生代员工务必执行工作任务，而不在事前做一定思

想沟通、讲解的话，则可能换来他们的不理不睬，当对他们进行批评教育时，可能会掉给你一句"懒得理你！""你根本就不懂！"来回应，而把那个主管落在那里不知如何应对。

（三） 情绪波动较大，抗压能力较差

过去娇生惯养，挫折磨炼较少，只注重对其给予满足的教育方式，让新生代员工心理素质比较差，情绪易出现波动，对来自工作生活上的压力也难以承受。为此，当主管对他们做出批评的时候，他们将会觉得很难受，情绪变得低落，缺乏工作热情，可能产生怠工行为，对工作任务以应付式去对待，对部门工作绩效造成了严重影响；严重的则发生旷工或直接辞职的行为。

（四） 缺乏责任意识

独生子女为主的新生代成长条件较好，在日常生活中所遇到的问题都由他们的父母主动承担了，而不让他们去尝试面对，导致不少新生代员工在遇到问题时，害怕担负责任，遇到责任问题时往往选择逃避的方式去面对。而对主管给付的工作任务，他们也是责任心不足，如正常工作时间未能完成的事情，他们没有意识一定要把事情做完才下班，而是把未完成的事情丢在一边下班去了。

针对新生代员工以上这些心理特征，我认为我们人力资源工作人员在开展招聘工作时，有必要适当地做一些简短的思想教育，对他们灌输一些正确的人生观就业观，并从思想教育过程中观察他们的反应，以在后续录用选择时提供依据。另外，这一工作可以改善新生代员工对企业刻板的看法，端正他们自己今后的工作态度，对降低辞职率有一定作用。但是，毕竟我们开展的是招聘工作，而不是专题培训，因此我认为在面试时开展这些思想教育时，需以温和的态度，以朋友式的交谈来开展，一开口就是板着脸说着人生大道理，这是面试人员难以接受的。

比如本人在招聘录用员工时，我会先为他们介绍公司的规章制度、工资福利制度，然后顺着说："各位兄弟姐妹们，以上是我们公司的一些规章制度和一些工资福利事项，大家可以接受吧。我认为我们公司整体的规章制度比较规范和人性化，并不苛严。当然，一个企业如果没有制度，或有制度不执行，这样的企业将会比较乱的，我想大家在这样的企业里工作也不会感到安心。所以希望大家如果加入我们这个大家庭后，一定能遵守公司的规章制度，在制度执行过程中如遇到

困难欢迎大家主动向我们人事部或者相关主管反映，我们非常乐意与您探讨或接受你们对能促进我们团队工作更好开展的意见。我们是正在发展中的企业，在生产环境上可能并不太舒适，同时在今后工作中可能也会受到委屈，但我们不要怕，我们要相信只要能扛得住困难压力，我们自然会不断成长，知识和能力也不断提高。而这些知识和能力将是我们一生的财富，是我们改变命运，达成个人目标的基础。同时也请大家相信，公司对于成长起来的员工是看得到的，我们也乐意培养有进取精神，不断求取进步的员工。"

四、 录用人才以发挥企业团队整体效能为原则

我们招聘人才时，不能因最后期限、岗位等待、部门埋怨与焦虑等因素困扰，为招揽人员能满足公司生产经营空缺岗位而不按公司标准招聘流程执行，随意看下其个人简历，对其简历所叙述的技能经验是否符合公司要求不予识别；随意问一下个人工作经历，听到从事过所招聘岗位相关工作即予录用，而不去分析其过往工作是如何具体执行落实的，执行的最终效果如何也不作评价判断。而对员工过往背景也不作调查，不去确认员工所提供资料的真实性。这些都是我们在决定录用求职者时所不能允许的。因为其后果将会把一些其个人技术能力、知识水平并不能满足所招岗位要求的人员加入公司团队中来，对岗位工作目标完成很可能起不到促进作用，相反可能对整个团队任务进程产生拖累。

同时，我们在录用求职人员时，不能片面地追求高学历的、年轻的求职者。尤其是劳动密集型的中小企业，对一线操作工人需求量大，因此在现今劳动力市场人员竞争激烈的情况下，对一些年纪稍大，但手脚灵活的求职人员亦应给予重视，应适当放宽年龄限制。对于那些录用进来的年龄偏大的求职人员，可以安排他们到工作强度及工作效率要求不太高的岗位，对于此类型员工他们也有"自知之明"，对自己的期望值也不高，且他们大多不怕劳累，虽然可能收入并不高，但却乐意在企业里长久做下去。而对一些技术岗位或管理岗位，如果该岗位的任职要求不是很高，我们也无须刻意录用一个高学历的人员加入公司，有时相反录用一个中专或高中学历的求职人员，他会表现出非常高的工作热情，因为觉得这份

工作劳动强度并不大，相反有时还挺惬意的，员工对工作感到称心满足，而其能力水平亦符合公司岗位任职要求，我认为是两全齐美的事情。

五、 录用后需不忘对新进人员进行培训教育和关怀

人事部门录用人员后，不能只是对他们进行简历录入就了事了。还需注意进一步对员工进行规章制度培训，并督促用人部门进行岗位培训，让他们尽快地熟悉新进企业的工作环境，了解所在岗位的工作流程和注意事项。同时，应注意主动到他们身边关心他们的工作生活情况，嘘寒问暖，对他们遇到的困难或疑惑及时地想办法给予帮助解决，从而让新进员工感受到加入公司这个大家庭的选择是没有错的，发自内心地认真工作，并不会随便地想离开这家公司。

人力资源工作人员在开展招聘录用工作时，务必对各个招聘程序做到细致，做好人力资源规划的事前准备工作，灵活选择招聘渠道和面试方法，以能否实现公司整体团队效益为出发点录用人员，并时刻注意关心员工，及时对员工开展入职培训工作。这些人事实务工作对整个人事录用工作都是必不可少的，主要各个工作环节认真细致开展，新进员工就会切实感受到公司这个大家庭对他们所付出的一切，公司的出勤率就高，各项任务目标完成度也高，产品质量也因人员稳定和岗位技能掌握到位而得到保证，企业的离职率也比较低。

第五章　培训与开发

第一节　人员培训的含义及重要性

一、企业员工培训的含义

企业员工培训是指通过一定的科学方法，促使员工在知识、技能、态度等方面得到提高，保证员工具备承担其工作职责的能力，以按照预期的标准完成现在或将来的工作任务的能力。员工培训内容具体包括：

（一）知识培训：对员工所拥有的知识进行更新并提高。

（二）技能培训：对员工所具有的能力加以培养和补充。

（三）态度培训：改变员工的工作态度，使之以积极热情的精神状态投入到工作当中。

（四）观念培训：为了改变员工某些固有的观念，使员工做到自我革新，从而在工作中产生热情和干劲，使其持有的与现在外界环境不相适应的观念得到改变。心理培训：对培训对象进行心理方面的训练，使其潜能得到激发

二、员工培训的意义与特点

（一）培训的意义

企业在面临全球化、高质量、高效率的工作系统挑战中，培训显得更为重要。

培训使员工的知识、技能与态度明显提高与改善，由此提高企业效益，获得竞争优势。具体体现在以下方面：

1. 能提高员工的职业能力。员工培训的直接目的就是要发展员工的职业能力，使其更好地胜任现在的日常工作及未来的工作任务。在能力培训方面，传统上的培训重点一般放在基本技能与高级技能两个层次上，但是未来的工作需要员工更广博的知识，培训员工学会知识共享，创造性地运用知识来调整产品或服务的能力。同时，培训使员工的工作能力提高，为其取得好的工作绩效提供了可能，也为员工提供更多晋升和较高收入的机会。

2. 有利于企业获得竞争优势。面对激烈的国际竞争：一方面，企业需要越来越多的跨国经营人才，为进军世界市场做好人才培训工作；另一方面，员工培训可提高企业新产品研究开发能力，员工培训就是要不断培训与开发高素质的人才，以获得竞争优势，这已为人们所认识。尤其是人类社会步入以知识经济资源和信息资源为重要依托的新时代，智力资本已成为获取生产力、竞争力和经济成就的关键因素。企业的竞争不再依靠自然资源、廉价的劳动力、精良的机器和雄厚的财力，而主要依靠知识密集型的人力资本。员工培训是创造智力资本的途径。智力资本包括基本技能（完成本职工作的技术）、高级技能（如怎样运用科技与其他员工共享信息、对客户和生产系统了解）以及自我激发创造力。因此，这要求建立一种新的适合未来发展与竞争的培训观念，提高企业员工的整体素质。

3. 有利于改善企业的工作质量。工作质量包括生产过程质量、产品质量与客户服务质量等。毫无疑问，培训使员工素质、职业能力提高并增强，将直接提高和改善企业工作质量。培训能改进员工的工作表现，降低成本；培训可增加员工的安全操作知识；提高员工的劳动技能水平；增强员工的岗位意识，增加员工的责任感，规范生产安全规程；增强安全管理意识，提高管理者的管理水平。因此，企业应加强对员工敬业精神、安全意识和知识的培训。

4. 有利于高效工作绩效系统的构建。在 21 世纪，科学技术的发展导致员工技能和工作角色的变化，企业需要对组织结构进行重新设计（如工作团队的建立）。今天的员工已不是简单接受工作任务，提供辅助性工作，而是参与提高产品与服务的团队活动。在团队工作系统中，员工扮演许多管理性质的工作角色。他们不仅具备运用新技术获得提高客户服务与产品质量的信息、与其他员工共享信息的能力；还具备人际交往技能和解决问题的能力、集体活动能力、沟通协调能力等。尤其是培训员工学习使用互联网、全球网及其他用于交流和收集信息工具的能力，可使企业工作绩效系统高效运转。

5．满足员工实现自我价值的需要。在现代企业中，员工的工作目的更重要的是为了"高级"需求——自我价值实现。培训不断教给员工新的知识与技能，使其能适应或能接受具有挑战性的工作与任务，实现自我成长和自我价值，这不仅使员工在物质上得到满足，而且使员工得到精神上的成就感。

（二） 员工培训的特性

员工培训的对象是在职人员，其性质属于继续教育的范畴。它具有鲜明的特征。

1．广泛性。即指员工培训的网络涉及的面广，不仅决策层管理者需要培训，而且一般员工也需要受训；员工培训的内容涉及企业经营活动或将来需要的知识、技能以及其他问题，而且员工培训的方式与方法也具有更大的广泛性。

2．层次性。即指员工培训网络的深度。也是培训网络现实性的具体表现。不仅企业战略不同，培训的内容及重点不同，而且不同知识水平和不同需要的员工，所承担的工作任务不同，知识和技能需要也各异。

3．协调性。即指员工培训网络是一个系统工程。它要求培训的各环节、培训项目应协调，使培训网络运转正常。首先要从企业经营战略出发，确定培训的模式、培训内容、培训对象；其次应适时地根据企业发展的规模、速度和方向，合理确定受训者的总量与结构；最后还要准确地根据员工的培训人数，合理地设计培训方案、培训的时间、地点等等。

4．实用性。即指员工的培训投资应产生的一定回报。员工培训系统要发挥其功能，即培训成果转移或转化成生产力，并能迅速促进企业竞争优势的发挥与保持。首先，企业应设计好的培训项目，使员工所掌握的技术、技能、更新的知识结构能适应新的工作。其次，应让受训者获得实践机会，为受训者提供或其主动抓住机会来应用培训中所学的知识、技能和行为方式。最后，为培训成果转化创造有利的工作环境，构建学习型组织。它是一种具有促进学习能力、适应能力和变革能力的组织。

5．长期性和速成性。即指随着科学技术的日益发展，人们必须不断接受新的知识，不断学习，任何企业对其员工的培训将是长期的，也是永恒的。员工学习的主要目的是为企业工作，所以，培训一般针对性较强，周期短，具有速成的特点。许多培训是随经营的变化而设置的，如为改善经济技术指标急需掌握的知识和技能以及为掌握已决定进行的攻关课题、革新项目急需的知识和技能，为强化企业内部管理急需掌握的管理基本技能等等。

6．实践性。即指培训应根据员工的生理、心理以及一定工作经验等特点，在教学方法上应注重的实践教学方法。应针对工作实际多采用启发式、讨论式、研究式以及案例式的教学，使员工培训有效果。

三、 员工培训的重要性

（一） 员工培训是企业持续发展的力量源泉

员工的素质决定着企业的素质，拥有高素质的人才，才可能谈得上持续发展。通过培训，可以使新员工融入企业的文化之中，可以使老员工补充新知识新技能，以跟上企业发展的步伐。培训使企业人力资本整体增值的同时，也增加了企业自身的价值。

（二） 员工培训是一项高回报的投资

低素质的人才队伍，不仅生产效率低下，而且会造成大量浪费。有人在对汽车行业油漆工进行分析时发现，一个技能低下的油漆工人，仅在使用油漆喷枪一项上，一年就会浪费近 10 万元的油漆。在某种意义上说，员工培训，是一项回报极高的投资，通过培训，使员工队伍素质得以提升，从而实现增收和节支双重回报。

（三） 员工培训是满足企业和员工双方需求的行为

企业要参与市场竞争，就必须拥有高素质的员工队伍。人才要参与人才市场竞争，就必须时时"充电"，吸收新知识和新技能，以增强自身竞争力。培训，不仅有利于企业，更有利于员工个人；参与培训，是对企业的支持，更是享受一种

"福利"。

（四） 员工培训是造就人才的一种重要途径

企业需要人才，一种方式是从外面聘请，另一种方式是在内部培养。相比之下，内部培养的人才，更适合于企业，更能融入企业文化之中。在国际上，很多大企业的总裁，都是内部培养起来的，比如麦当劳公司美国总裁，最初只是一位发报纸的工人，通过培训和他自身的努力，最终成了总裁。

第二节　人员培训的原则和形式

一、 人员培训与开发相关原则

为了保证培训与开发的方向不偏离组织预定的目标，企业必须制定基本原则，并以此为指导。具体包括以下几个方面：

（一） 战略原则

企业必须将员工的培训与开发放在战略的高度来认识。员工培训有的能立竿见影，很快会反映到员工工作绩效上；有的可能在若干年后才能收到明显的效果，尤其是对管理人员的培训。因此，许多企业将培训看成是只见投入不见产出的"赔本"买卖，往往只重视当前利益，安排闲"人"去参加培训，而真正需要培训的人员却因为工作任务繁重而抽不出身，结果就出现了所学知识不会用或根本不用的"培训专业户"使培训真正变成了只见投入不见产出的"赔本"买卖。因此，企业必须树立战略观念，根据企业发展目标及战略制定培训规划，使培训与开发与企业的长远发展紧密结合。

（二） 理论联系实际，学以致用原则

员工培训应当有明确的针对性，从实际工作的需要出发，与职位特点紧密结合，与培训对象的年龄、知识结构、能力结构、思想状况紧密结合，目的在于通过培训让员工掌握必要的技能以完成规定的工作，最终为提高企业的经济效益服

务。只有这样培训才能收到实效，才能提高工作效率。

（三） 知识技能培训与企业文化培训兼顾的原则

培训与开发的内容，除了文化知识、专业知识、专业技能的培训内容外，还应包括理想、信念、价值观、道德观等方面的培训内容。而后者又要与企业目标、企业文化、企业制度、企业优良传统等结合起来，使员工在各方面都能够符合企业的要求。

（四） 全员培训与重点提高相结合的原则

全员培训就是有计划、有步骤地对在职的所有员工进行培训，这是提高全体员工素质的必经之路。为了提高培训投入的回报率，培训必须有重点，即对对企业兴衰有着重大影响的管理和技术骨干，特别是中高层管理人员、再者就是有培养前途的梯队人员，更应该有计划地进行培训与开发。

（五） 培训效果的反馈与强化原则

培训效果的反馈与强化是不可缺少的重要环节。培训效果的反馈指的是在培训后对员工进行检验，其作用在于巩固员工学习的技能、及时纠正错误和偏差，反馈的信息越及时、准确越培训的效果就越好。强化则是指由于反馈而对接受培训人员进行的奖励或惩罚。其目的一方面是为了奖励接受培训并取得绩效的人员，另一方面是为了加强其他员工的培训意识，使培训效果得到进一步强化。

二、 建立有效培训体系的基本原则

（一） 理论联系实际、学以致用的原则

员工培训要坚持针对性和实践性，以工作的实际需要为出发点，与职位的特点紧密结合，与培训对象的年龄、知识结构紧密结合。

（二） 全员培训与重点提高的原则

有计划有步骤地对在职的各级各类人员进行培训，提高全员素质。同时，应重点培训一批技术骨干、管理骨干，特别是对中高层管理人员。

（三） 因材施教的原则

针对每个人员的实际技能、岗位和个人发展意愿等开展员工培训工作，培训

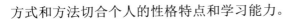

方式和方法切合个人的性格特点和学习能力。

（四） 讲求实效的原则

效果和质量是员工培训成功与否的关键，为此必须制定全面周密的培训计划和采用先进科学的培训方法和手段。

（五） 激励的原则

将人员培训与人员任职、晋升、奖惩、工资福利等结合起来，让受训者受到某种程度的鼓励，同时管理者应当多关心培训人员的学习、工作和生活。

三、 员工培训的 8 种形式

（一） 讲授法

属于传统的培训方式，优点是运用起来方便，便于培训者控制整个过程。缺点是单向信息传递，反馈效果差。常被用于一些理念性知识的培训。

（二） 视听技术法

通过现代视听技术（如投影仪、DVD、录像机等工具），对员工进行培训。优点是运用视觉与听觉的感知方式，直观鲜明。但学员的反馈与实践较差，且制作和购买的成本高，内容易过时。它多用于企业概况、传授技能等培训内容，也可用于概念性知识的培训。

（三） 讨论法

按照费用与操作的复杂程序又可分成一般小组讨论与研讨会两种方式。研讨会多以专题演讲为主，中途或会后允许学员与演讲者进行交流沟通。优点是信息可以多向传递，与讲授法相比反馈效果较好，但费用较高。而小组讨论法的特点是信息交流时方式为多向传递，学员的参与性高，费用较低。多用于巩固知识，训练学员分析、解决问题的能力与人际交往的能力，但运用时对培训教师的要求较高。

（四） 案例研讨法

通过向培训对象提供相关的背景资料，让其寻找合适的解决方法。这一方式费用低，反馈效果好，可以有效训练学员分析解决问题的能力。另外，近年的培训研究表明，案例、讨论的方式也可用于知识类的培训，且效果更佳。

（五） 角色扮演法

受训者在培训教师设计的工作情况中扮演其中角色，其他学员与培训教师在学员表演后作适当的点评。由于信息传递多向化，反馈效果好、实践性强、费用低，因而多用于人际关系能力的训练。

（六） 自学法

这一方式较适合于一般理念性知识的学习，由于成人学习具有偏重经验与理解的特性，让具有一定学习能力与自觉的学员自学是既经济又实用的方法，但此方法也存在监督性差的缺陷。

（七） 互动小组法

也称敏感训练法。此法主要适用于管理人员的人际关系与沟通训练。让学员在培训活动中的亲身体验来提高他们处理人际关系的能力。其优点是可明显提高人际关系与沟通的能力，但其效果在很大程度上依赖于培训教师的水平。

（八） 网络培训法

是一种新型的计算机网络信息培训方式，投入较大。但由于使用灵活，符合分散式学习的新趋势，节省学员集中培训的时间与费用。这种方式信息量大，新知识、新观念传递优势明显，更适合成人学习。因此，特别为实力雄厚的企业所青睐，也是培训发展的一个必然趋势。

第三节　　管理人员的开发

管理人员作为企业的主导力量，在组织的一切活动中处于领导地位，管理人员水平的高低直接关系着一个企业的兴衰成败。每一个企业都应该把对管理人员的培训与开发当作一项关系组织命运和前途的战略。由于管理人员的特殊性，如何针对现有的高层、中层和基层的管理人员的培训需求进行相应的培训设计，就是本文需要分析的工作。

作为管理人员，都需要学习训练诸如计划、组织、领导、控制、沟通、协调和激励等能力与手段，但是因为工作层面的不同，所需学习和训练的内容也有所侧重。不同层次的管理者所应该具有的技能要求及能力差异是不同的，各级管理人员技能的最优组合如表 5-1：

表 5-1 不同层次管理者在技能上的侧重要求（%）

	专业技能	人文技能	理念技能
高层管理者	17.9	39.4	42.7
中层管理者	22.8	42.4	34.8
基层管理者	50.3	37.7	12.0

其中专业技能是指对生产产品或提供服务的特定知识、程序和工具的理解和掌握。人文技能是指在组织中建立融洽人际关系并作为群体的一员有效工作的能力。理念技能是指从整体上把握组织的目标、洞察组织与环境的相互关系的能力。对于高层管理者来说，理念技能是最重要的；中层管理者最重要的是人文技能；而基层管理者最重要的是专业技能，占到了能力构成的一半。

如何针对不同层次的管理人员来实施不同的培训内容，是很多致力于培养接触管理队伍的企业需要解决的问题。

一、 对不同层次管理人员进行培训的必要性和目标

（一） 高层管理人员

1. 高层管理者培训的必要性

高层管理者的决策往往和企业的命运息息相关。企业的成长和发展与外部市场环境紧密相关，如何能够保证企业敏锐地捕捉市场变化的趋势，同时来对企业内部的结构和各种制度方式进行适应性的调整成为企业发展的一个挑战。高层管理人员由于具有更多的能力和资源分配权利，在这个调整适应的过程中担当的角色也更为重要，对高层管理人员进行培训开发是满足企业适应市场能力的需要。

2. 高层管理者培训的目标

作为企业的掌舵人，高层管理者应该具备广阔的视野，能系统地把握当今全球的社会、政治、经济形式，深刻理解和洞察企业内外部各种因素的作用，提高

从全局观点对企业的战略、目标、方针及发展进行创造性的规划、决策、控制的能力，提高组织的活力和绩效。

（二） 中层管理者

1．中层管理者培训的必要性

中层管理人员主要包括由企业各级各职能部门管理人员组成的精英集团，他们承担着企业日常经营中包括计划、供应、技术、质量、设备、动力、财务、销售、人事、教育、情报、计量、后勤等各种职能的具体计划、组织领导和控制工作。是企业的中坚力量。在这样一个集团中，要造就或者选择一个或者少数好的经理并不难，但要组织一个精明强干、高效率、高水准的经理集团却不容易；要找出在短期内干劲十足的经理集团也不难，但要培养出长期的、持续的、强有力的经理却是难的。

2．中层管理者培训的目标

与高层管理者的培训相比，对中层管理者应该侧重于进行业务的培训，同时也要向他们传递相关的管理新知识和理念，使他们更好的理解和执行企业高层的决策方针，更有效地计划、组织、领导和控制企业的日常经营职能，实现企业从理想的目标向现实的业务产出的顺利转换。因此培训的目标应该包括：

（1）为其提供胜任未来工作所必需的经验、知识和技能，使他们能够适应不断变化的环境中复杂的具体问题。

（2）使企业的宗旨、使命、价值观和管理文化理念能够得到顺利的传达，并且真正在企业中发扬光大。

（3）培养个别骨干分子成为企业未来高层管理者的接班人

（三） 基层管理者

1．基层管理者培训的必要性

基层管理者是对企业生产、销售等经营活动第一线执行管理职能的直接管理层，包括在生产和服务一线中起监督、指导作用的监工、领班等。由于他们与实际操作员工最接近，其管理水平将直接影响着企业员工的积极性和对企业的忠诚度。

2．基层管理者培训的目标

基层管理者是工人的技术传授者和督导者，不仅要更好的执行上级的指令，更要在自己判断基础之上提出改进和创新的建议。对其的培训应该能够让他们提高对基层事务工作相结合的能力，能够让他们很好的处理第一线日常工作出现的各种问题。

总之，对企业各级管理人员的培训要着眼于提高企业的整体经营管理能力和水准，因此要全面考察高层、中层和基础管理人员的管理绩效、能力水平等，找出企业经营管理中关键性的、全局性的问题，带动企业从决策层到执行层到操作层的整个管理机制的改造。

二、 对不同层次管理者进行培训设计的方案内容

1．高层管理者

高层管理者的决策往往和企业的命运息息相关。但是高层管理者的知识结构也存在一个结构老化的问题，如何对高层管理者进行培训具有许多独特之处。比如培训的内容可能更加侧重于宏观或者战略方面，培训时间的安排比较弹性化，培训进程可能时常中断等。这些都是企业在对高层管理者进行培训中需要认真考虑的问题。因此我们通过对高层管理人员的分析认为高层管理者应参加的培训内容包括：

（1）先进观念

全球观念、国际视野、企业家精神、团队精神、道德品质和伦理等。

（2）必备知识及知识的补充和更新

①理论知识与专业知识：包括管理知识、经济知识、科技知识、政治知识和交往知识。同时需要熟练掌握或者基本了解的学科有：战略管理、决策与控制、业务变革与流程改造、企业文化、管理学、管理哲学、国际企业经营学、财务管理、定量分析、人力资源开发与管理等。除了以上有关基础知识和专业知识之外，还需要基本了解所管理业务要求的专业知识。

②环境知识：国家的法律法规、国家的相关政策、相关的环保知识、同行业市场信息。

③组织知识：组织内制度与政策、企业主要工作流程、机构设置与部门设置、组织文化等。

（3）工作技能与综合能力要素

前瞻或预测能力、战略决策能力、知人善任能力、组织指挥能力、应变能力、语言表达能力、协调能力、创新能力、学习能力、与媒体的公关和宣传的把握能力。

培训方式：根据以上的培训目标，在设计时分在职培训和脱岗培训两种方式来组织培训。主要采取高级研习班、研讨班、报告会、自学、案例讨论等及在职MBA、出国考察、出国挂职锻炼、与国内外知名企业管理人员交流经验、业务进修等学习、方式。

2．中层管理者

对中层管理者的培训主要内容是开发他们的胜任能力，使他们具备关于企业内外形势的认识和发展观点，提高他们关于业务的决策能力，计划能力，让他们深刻的理解和认识现代企业经营管理的体系和经营活动中人的行为，提高他们对人的判断和评价能力以及与人的沟通交流能力，真正做好上传下达的角色。因此中层管理者培训的相关内容为：

（1）对企业内外形势的认识，如本企业的目标和当前的问题。

（2）相关业务管理能力，如如何编制预算。

（3）管理团队及下属，如工作协调和部门间的合作。

培训方法：工作轮换、多层次参与管理、派往海外任职、E-learning、团队培训、行动学习等。

3．基层管理人员

基层管理者在培训中由于所在的基层的特点，在培训内容上也有不同的侧重点。基层管理者培训的相关内容为：

（1）管理知识，如企业总体经营计划和分计划；工作标准化等；

（2）管理工作的实施，如如何进行生产组织；操作和流程改造等；

培训方法：让基层人员参加一些他们通常不参加的会议；鼓励员工提出创见的竞赛活动；鼓励员工就自己的研究或工作项目在企业内外进行介绍或报告；相

关企业参观学习等。

对企业各级管理人员的培训要着眼于提高企业的整体经营管理能力和水准，因此要全面考察高层、中层和基础管理人员的管理绩效、能力水平等，找出企业经营管理中关键性的、全局性的问题，带动企业从决策层到执行层到操作层的整个管理机制的改造。

第六章 绩效管理

第一节 绩效考核管理概述

一、 绩效考核概述

（一） 绩效考核概念

绩效考核（performance examine）是一项系统工程，涉及公司的发展规划、战略目标体系及其目标责任体系、指标评价体系、评价标准、评价内容及评价方法等，其核心是促进企业管理水准的提高及综合实力的增强，其实质是使员工个人的能力得以提升，并确保人尽其才，使人力资源的作用发挥到极致。

明确这个概念，可以明确绩效考核的目的及重点。企业制定了发展规划、战略目标时，为了更好地完成这个目标需要把目标分阶段分解到各部门各人员身上，也就是说每个人都有任务。绩效考核就是对企业人员完成目标情况的一个跟踪、记录、考评。

绩效考核的内容及目的

（二） 绩效考核内容

1. 业绩考核

2. 行为考核

（三） 绩效考核的作用

1. 达成目标

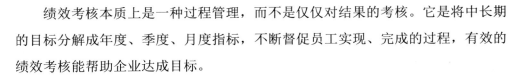

绩效考核本质上是一种过程管理，而不是仅仅对结果的考核。它是将中长期的目标分解成年度、季度、月度指标，不断督促员工实现、完成的过程，有效的绩效考核能帮助企业达成目标。

2．挖掘问题

绩效考核是一个不断制订计划、执行、改正的 PDCA 循环过程，体现在整个绩效管理环节，包括绩效目标设定、绩效要求达成、绩效实施修正、绩效面谈、绩效改进、再制定目标的循环，这也是一个不断发现问题、改进问题的过程。

3．分配利益

与利益不挂钩的考核是没有意义的，员工的工资一般都会为两个部分：固定工资和绩效工资。绩效工资的分配与员工的绩效考核得分息息相关，所以一说起考核，员工的第一反应往往是绩效工资的发放。

4．促进成长

绩效考核的最终目的并不是单纯地进行利益分配，而是促进企业与员工的共同成长。通过考核发现问题、改进问题，找到差距进行提升，最后达到双赢。

（四） 绩效考核的应用

绩效考核的应用重点在薪酬和绩效的结合上。薪酬与绩效在人力资源管理中，是两个密不可分的环节。在设定薪酬时，一般已将薪酬分解为固定工资和绩效工资，绩效工资正是通过绩效予以体现，而对员工进行绩效考核也必须要表现在薪酬上，否则绩效和薪酬都失去了激励的作用。

（五） 绩效考核的主题

合格的绩效考核者应了解被考评者职位的性质，工作内容、要求以及绩效考核标准，熟悉被考评者的工作表现，最好有近距离观察其工作的机会，同时要公正客观。多数企业在选择考核主体时，多采用 360 度全方位考核方式，考核者选用被考评者的上司、同事、下属、被考评者本人和外部专家。

上司考核的优点是对工作性质、员工的工作表现比较熟悉，考核可与加薪、奖惩相结合，有机会与下属更好地沟通，了解其想法，发现其潜力。但也存在一定缺点，由于上司掌握着切实的奖惩权，考核时下属往往心理负担较重，不能保证考核的公正客观，可能会挫伤下属的积极性。

同事考核的优点是对被考评者了解全面、真实。但由于彼此之间比较熟悉和了解，受人情关系影响，可能会使考核结果偏离实际情况。最适用的情况是在项目小组中，同事的参与考核对揭露问题和鞭策后进起着积极作用。

下属考核可以帮助上司发展领导管理才能，也能达到权力制衡的目的，使上司受到有效监督。但下属考核上司有可能片面、不客观；由下级进行绩效考核也可能使上司在工作中缩手缩脚，影响其工作的正常开展。

自我考核是最轻松的考核方式，不会使员工感到很大压力，能增强员工的参与意识，而且自我考核结果较具建设性，会使工作绩效得到改善。缺点是自我考核倾向于高估自己的绩效，因此只适用于协助员工自我改善绩效，在其他方面（如加薪、晋升等）不足以作为评判标准。

外部专家考核的优点是有绩效考评方面的技术和经验，理论修养高，与被考评者没有瓜葛，较易做到公正客观。缺点是外部专家可能对公司的业务不熟悉，因此，必须有内部人员协助。此外，聘请外部专家的成本较高。

二、 绩效考核的技巧

实行绩效考核体制之前，应先对公司的管理层做一个调整，做一个考核，这个考核分工作态度、工作技能、工作效率、工作成绩、团队意识、沟通能力、配合能力、员工印象几方面，只有先将管理层考核清了，调整到位了，员工才会相信您的绩效考核体制，才会配合您的工作，也才会再次调动起积极性。

首先，要建立企业内部申诉机制，让员工在遭遇不公正、不公平待遇时有一个申诉与解决的通畅途径，避免因领导者情感因素伤害职业打工者的权益。

其次，企业内部不仅要确定不同部门或岗位的权利、义务，同时还必须采取自上而下的岗位描述，明确细化的岗位职责及考核标准，避免将考绩沦为一种粗放的能力"审判"。

三、 完善的绩效考核内容

（一）详细的岗位职责描述及对职工工资的合理分配。

（二）尽量将工作量化。

（三）人员岗位的合理安排。

（四）考核内容的分类。

（五）企业文化的建立，如何让人成为"财"而非人"材"是考核前须要考虑的重要问题。

（六）明确工作目标。

（七）明确工作职责。

（八）从工作的态度（主动性、合作、团队、敬业等）、工作成果、工作效率等几个方面进行评价。

（九）给每项内容细化出一些具体的档次，每个档次对应一个分数，每个档次要给予文字的描述以统一标准（比如优秀这个档次一定是该员工在相头的同类员工中表现明显突出的，并且需要用具体的事例来证明）。

（十）给员工申诉的机会。

四、 绩效考评的形式

（一） 按考评时间分类

1. 日常考评。指对被考评者的出勤情况、产量和质量实绩、平时的工作行为所做的经常性考评。

2. 定期考评。指按照一定的固定周期所进行的考评，如年度考评、季度考评等。

（二） 按考评主体分类

分为主管考评、自我考评、同事考评和下属考评。即"360度考评方法"。

1. 主管考评。指上级主管对下属员工的考评。这种由上而下的考评，由于考评的主体是主管领导，所以能较准确地反映被考评者的实际状况，也能消除被考评者心理上不必要的压力。但有时也会受主管领导的疏忽、偏见、感情等主观因素的影响而产生考评偏差。

2．自我考评。指被考评者本人对自己的工作实绩和行为表现所做的评价。这种方式透明度较高，有利于被考评者在平时自觉地按考评标准约束自己。但最大的问题是有"倾高"现象存在。

3．同事考评。指同事间互相考评。这种方式体现了考评的民主性、但考评结果往往受被考评者的人际关系的影响。

4．下属考评。指下属员工对他们的直接主管领导的考评。一般选择一些有代表性的员工，用比较直接的方法，如直接打分法等进行考评，考评结果可以公开或不公开。

5．顾客考评。许多企业把顾客也纳入员工绩效考评体系中。在一定情况下，顾客常常是唯一能够在工作现场观察员工绩效的人，此时，他们就成了最好的绩效信息来源。

（三） 按考评结果的表现形式分类

1．定性考评。其结果表现为对某人工作评价的文字描述，或对员工之间评价高低的相对次序以优、良、中、及格、差等形式表示。

2．定量考评。其结果则以分值或系数等数量形式表示。

第二节　　绩效考核管理的原则与标准

一、 绩效考核管理原则

（一） 基本原则一

1．公平原则

公平是确立和推行人员考绩制度的前提。不公平，就不可能发挥考绩应有的作用。

2．严格原则

考绩不严格，就会流于形式，形同虚设。考绩不严，不仅不能全面地反映工作人员的真实情况，而且还会产生消极的后果。考绩的严格性包括：要有明确的考核标准；要有严肃认真的考核态度；要有严格的考核制度与科学而严格的程序及方法等。

3．单头考评的原则

对各级职工的考评，都必须由被考评者的"直接上级"进行。直接上级相对来说最了解被考评者的实际工作表现（成绩、能力、适应性），也最有可能反映真实情况。间接上级（即上级的上级）对直接上级做出的考评评语，不应当擅自修改。这并不排除间接上级对考评结果的调整修正作用。单头考评明确了考评责任所在，并且使考评系统与组织指挥系统取得一致，更有利于加强经营组织的指挥机能。

4．结果公开原则

考绩的结论应对本人公开，这是保证考绩民主的重要手段。这样做，一方面，可以使被考核者了解自己的优点和缺点、长处和短处，从而使考核成绩好的人再接再厉，继续保持先进；也可以使考核成绩不好的人心悦诚服，奋起上进。另一方面，还有助于防止考绩中可能出现的偏见以及种种误差，以保证考核的公平与合理。

5．结合奖惩原则

依据考绩的结果，应根据工作成绩的大小、好坏，有赏有罚，有升有降，而且这种赏罚、升降不仅与精神激励相联系。而且还必须通过工资、奖金等方式同物质利益相联系，这样，才能达到考绩的真正目的。

6．客观考评的原则

人事考评应当根据明确规定的考评标准，针对客观考评资料进行评价，尽量避免渗入主观性和感情色彩。

7．反馈的原则

考评的结果（评语）一定要反馈给被考评者本人，否则就起不到考评的教育作用。在反馈考评结果的同时，应当向被考评者就评语进行说明解释，肯定成绩和进步，说明不足之处，提供今后努力的参考意见等等。

8．差别的原则

考核的等级之间应当有鲜明的差别界限，针对不同的考评评语在工资、晋升、使用等方面应体现明显差别，使考评带有刺激性，鼓励职工的上进心。

（二） 基本原则二

1．清晰的目标。对员工实行绩效考核的目的是为了让员工实现企业的目标和要求，所以目标一定要清晰。要什么，就考核员工什么。

2．量化的管理标准。考核的标准一定要客观，量化是最客观的表述方式。很多时候企业的绩效考核不能推行到位，沦为走过场，都是因为标准太模糊，要求不量化。

3．良好的职业化的心态。绩效考核的推行要求企业必须具备相应的文化底蕴，要求员工具备一定的职业化的素质。事实上，优秀的员工并不惧怕考核，甚至欢迎考核。

4．与利益、晋升挂钩。与薪酬不挂钩的绩效考核是没有意义的，考核必须与利益、与薪酬挂钩，才能够引起企业由上至下的重视和认真对待。

5．具有掌控性、可实现性。绩效考核是企业的一种管理行为，是企业表达要求的方式，其过程必须为企业所掌控。

（三） "三重一轻"原则

绩效考核只有渗透到日常工作的每个环节当中，才能真正发挥效力，如此，应遵循以下"三重一轻"的原则：

1．重积累：平时的点点滴滴，正是考核的基础。

2．重成果：大大小小的成果，才可以让员工看到进步，才有前进的动力。

3．重时效：指定一个固定的时间考核，往往想不起来当初发生的事情。考核，应该就在事情发生的当下，而不是过了很久之后。

4．轻便快捷：复杂的绩效考核方式，需要专业人员的指导才可能取得预期效果。若针对并不复杂的中小企业，更侧重在通过轻量的方式，为管理者提供和积累考核素材。

二、 绩效考核标准的确立

建立员工绩效考核体系是评价员工业绩的有效途径，也是确定员工薪酬水平的重要依据。如何才能建立员工绩效考核体系呢？这就要求企业做到：考核范围要明确，考核制度要完善，考核条款要细化，符合实际，要有可操作性；考核方式要全面、客观，考核评价要公平、公开、公正；考核时间要固定。

员工绩效考核体系要经集体讨论确定，一经确定便不能随意更改，以维护制度的尊严；考核体系一定要有严格的监督机制，以保证制度的有效性、持续性。考核体系应包括个性特质评价、职业行为能力评价和关键业绩指标考核。

（一） 个性特质评价

对员工个体特质评价，首先要建立企业内部各种职务的素质模型。比如说，开发岗位要求任职者具备创新意识、成就追求、善沟通、善学习等方面的个性特质；销售岗位要求任职者具备主动性、敏感性、能把握商机、善于谈吐、能经受住挫折、不怕被拒绝等个性特质。以上所说的不同素质要求也就形成了不同职务的素质模型。在这个基础上，也就可以建立相应的考核体系，用以检测相关员工是否具备某一职务所要求的个性特质。

（二） 职业行为能力评价

职业行为能力评价的前提是对企业的所有职务进行横向和纵向的划分，明确各种职务的角色定位和能力要求，进而制定出各种职务的行为能力标准。比如，某一个公司规定招聘人事部员工的行为能力标准是：

1．能进行人力资源需求调查，收集、分析有关资料，制定出人力需求方案。

2．能进行招聘活动的策划、实施，熟悉有关劳动法规、人员甄选和面试的流程，并能处理招聘中的突发事件。

3．能处理应聘人员的分流安置工作。

4．能从事招聘管理方面的制度建设。有了这些行为能力标准，就可以用它来衡量应聘者或拟任者是否具备相应的任职资格。

（三） 关键业绩指标考核

对员工进行关键业绩指标考核的基础是在企业内部建立一个关键业绩指标体系。在这个体系中，个人目标、部门目标与公司之间要保持高度的一致性。企业首先要根据不同时期的战略目标和管理重点制定出某一阶段的关键业绩指标体系。比如，某一公司经过研讨之后，认为影响该企业成功的关键要素是：人员素质、技术领先、制造精良、顾客服务、市场优势、利润增长等 6 个方面，接着他们找出这些因素所体现的重点业务，如技术领先就体现在产品品种和推向市场的速度等重点业务；市场优势就体现在市场份额和营销网络等重点业务。这些重点业务也就成了企业关键业绩指标的项目。

第三节　　绩效考核管理的方法与实施

一、　绩效考核方法

（一）图尺度考核法（Graphic Rating Scale，GRS）：是最简单和运用最普遍的绩效考核技术之一，一般采用图尺度表填写打分的形式进行。

（二）交替排序法（Alternative Ranking Method，ARM）：是一种较为常用的排序考核法。其原理是：在群体中挑选出最好的或者最差的绩效表现者，较之于对其绩效进行绝对考核要简单易行得多。因此，交替排序的操作方法就是分别挑选、排列的"最好的"与"最差的"，然后挑选出"第二好的"与"第二差的"，这样依次进行，直到将所有的被考核人员排列完全为止，从而以优劣排序作为绩效考核的结果。交替排序在操作时也可以使用绩效排序表。

（三）配对比较法（Paired Comparison Method，PCM）：是一种更为细致的通过排序来考核绩效水平的方法，它的特点是每一个考核要素都要进行人员间的两两比较和排序，使得在每一个考核要素下，每一个人都和其他所有人进行了比较，所有被考核者在每一个要素下都获得了充分的排序。

（四）强制分布法（Forced Distribution Method，FDM）：是在考核进行之前就设定好绩效水平的分布比例，然后将员工的考核结果安排到分布结构里去。

（五）关键事件法（Critical Incident Method，CIM）：是一种通过员工的关键行为和行为结果来对其绩效水平进行绩效考核的方法，一般由主管人员将其下属员工在工作中表现出来的非常优秀的行为事件或者非常糟糕的行为事件记录下来，然后在考核时点上（每季度或者每半年）与该员工进行一次面谈，根据记录共同讨论来对其绩效水平做出考核。

（六）行为锚定等级考核法（Behaviorally Anchored Rating Scale，BARS）：是基于对被考核者的工作行为进行观察、考核，从而评定绩效水平的方法。

（七）目标管理法（Management by Objectives，MBO）：目标管理法是现代更多采用的方法，管理者通常很强调利润、销售额和成本这些能带来成果的结果指标。在目标管理法下，每个员工都确定有若干具体的指标，这些指标是其工作成功开展的关键目标，它们的完成情况可以作为评价员工的依据。

（八）叙述法：在进行考核时，以文字叙述的方式说明事实，包括以往工作取得了哪些明显的成果，工作上存在的不足和缺陷是什么。

（九）360°考核法：又称交叉考核（PIV），亦即，将原本由上到下，由上司评定下属绩效的旧方法，转变为全方位360°交叉形式的绩效考核。在考核时，通过同事评价、上级评价、下级评价、客户评价以及个人评价来评定绩效水平的方法。交叉考核，不仅是绩效评定的依据，更能从中发现问题并进行改革提升。找出问题原因所在，并着手拟定改善工作计划。

二、 绩效考核的周期

（一） 绩效考核周期的概念

绩效考核周期也可以叫作绩效考核期限，是指多长时间对员工进行一次绩效考核。绩效考核通常也称为业绩考评或"考绩"，是针对企业中每个职工所承担的工作，应用各种科学的定性和定量的方法，对职工行为的实际效果及其对企业的贡献或价值进行考核和评价。

由于绩效考核需要耗费一定的人力、物力，因此考核周期过短，会增加企业管理成本的开支；但是，绩效考核周期过长，又会降低绩效考核的准确性，不利于员工工作绩效的改进，从而影响绩效管理的效果。因此，在准备阶段，还应当确定出恰当的绩效考核周期。

（二） 绩效考核周期确定，需考虑因素以下几个因素：

1．职位的性质。不同的职位，工作的内容是不同的，因此绩效考核的周期也应当不同。一般来说，职位的工作绩效是比较容易考核的，考核周期相对要短一些。

2．指标的性质。不同的绩效指标，其性质是不同的，考核的周期也应不同。一般来说，性质稳定的指标，考核周期相对要长一些；相反，考核周期相对就要短一些。

3．标准的性质。在确定考核周期时，还应当考核到绩效标准的性质，就是说考核周期的时间应当保证员工经过努力能够实现这些标准，这一点其实是和绩效标准的适度性联系在一起的。

三、 绩效沟通与反馈

（一） 绩效沟通

综合部将考核结果告知被考核者，被考核者的直接上级会就绩效考核的结果与被考核者面谈，若被考核者对考核结果无异议，则在考核结果表上签字确认；若有异议，则可进行绩效考核申诉。

（二） 制订绩效改进计划

对被考核者的绩效考核结束后，各级考核者与被考核者应及时对其绩效中未达到公司要求的内容进行分析并制订出相应的改进计划。各级考核者应为被考核者提供绩效改进指导和帮助，并跟踪其改进结果。

四、 绩效考核六步走

企业的绩效考核，应当分作六个具体的行动步骤组织实施。把每一个步骤列为一个作业单元，在行动前精心组织操作培训和专项辅导，并进行必要的模拟演练。

（一） 第一步 确定考核周期

依据企业经营管理的实际情况（包括管理形态、市场周期、销售周期和生产周期），确定合适的考核周期，工作考核一般以月度为考核周期。每个周期进行一次例行的重点工作绩效考核。对需要跨周期才可能完成的工作，也应列入工作计划，进行考核。可以实行时段与终端相结合的考核方法，在开展工作的考核周期，考核工作的进展情况，在完成工作的考核周期，考核工作的终端结果。

（二） 第二步　编制工作计划

按照考核周期，作为考核对象的职能部门、业务机构和工作责任人，于周期期初编制所在部门或岗位的工作计划，对纳入考核的重点工作内容进行简要描述。每一项重点工作都要明确设置工作完成的时间指标和质效指标。同时按照预先设定的计分要求，设置每一项重点工作的考核分值。必要时，附加开展重点工作的保障措施。周期工作计划应按照时间要求编制完成，并报送考核执行人确认，然后付诸实施。

（三） 第三步　校正量效化指标

绩效考核强调要求重点工作的开展和完成必须设置量效化指标，量化指标是数据指标，效化指标是成效指标。重点工作的量效化指标，反映了重点工作的效率要求和价值预期。另外，在实际工作的操作中，并不是所有的工作结果或成效，都可以用数据指标进行量化的，而效化指标则比较难以设置和确定，需要一定的专业素质和及时的信息沟通。因此，考核执行人应会同考核对象，对重点工作的量效化指标进行认真校正并最终确定，保障重点工作的完成质效。

（四） 第四步　调控考核过程

在管理运转中，存在并发生着不确定性因素，容易造成工作变数，考核也是如此。当工作的变化、进展和预置的计划发生冲突时，首先应该对变化的事物进行分析，准确识别变化的原因和走向，然后对工作计划和考核指标做出及时、适当的调整改进。

（五） 第五步　验收工作成效

每个周期期末，在设定的时间内，考核执行人依据预置或调整的周期工作计划，对考核对象的重点工作完成情况，进行成效验收。按照每项工作设置的量效化指标和考核分值，逐项核实工作成效，逐项进行评分记分，累计计算考核对象该考核周期重点工作完成情况的实际得分，并就工作的绩效改进做出点评。

（六） 第六步　考核结果运用

考核的目的是改进绩效、推进工作、提高效率。考核对象重点工作完成情况的实际得分即为考核结果。如何运用考核结果，会直接影响考核的激励作用。要切实结合企业管理资源的实际情况，充分考虑企业文化的负载能力，在这个基础上选择和确定考核结果的运用方式。在这里简说几种考核结果的运用方法。

一是考薪挂钩，就是考核结果与薪资收入并轨，按照考核得分，计算薪资实际收入。这个薪资可能是职能职务薪酬或岗位工资，也可以是独立设立的绩效工资，还可能是效益奖金。

二是考职挂钩，把考核结果与考核对象的职位挂钩。考核对象由于主观因素，在较长时间内不能按计划完成重点工作或者不适于承担所在岗位的工作职责，应合理地调整其岗位或职务，避免重点工作遭受损失。

三是信息整合，通过考核，可以反映、整合并有效利用多个方面的考核信息。有资源配置信息、岗位设置信息、管理损耗信息、工作问题信息和人才信息等等。考核结果的信息运用，能够为企业的工作决策、管理运转和人才的培养使用，提供重要的信息支持。

五、 企业实施绩效考核

（一） 应具备的条件

绩效考核的应用是企业发展到一定阶段的产物。

1．企业初创期

投入多，产出少，以人治为主，对企业经营业绩评价的必要性未能体现。

2．企业成长期

经过了原始积累，扩张速度快，经营战略目标得到确定，这时围绕企业战略目标，如何通过提高公司各部门工作效率保证目标实现的问题显得非常必要且重要。此时企业绩效考核被摆到重要位置上，得到应用并处于不断完善状态，可促进企业发展。

3．企业成熟期

发展速度减慢，企业进入最佳发展时期，绩效考核经过了完善过程进入成熟状态，有效地促进了企业发展。

4．企业衰退期

业务发展阻滞，组织需要变革，绩效考核处于次要位置，其对企业的促进作用减弱，甚至停止。

5．企业更生期

通过产品技术、人力资源整合，企业进入新一轮的成长期，绩效考核也会随着企业变更及成长进入一个新的创新发展期。

6．小结

并非任何企业都能实施绩效考核管理，处于成长期、成熟期的企业，建立了完整的战略目标体系、目标责任体系、组织结构体系才能把各项目标落实到各级责任人，使绩效考核成为可能。因此企业绩效考核是企业进入成长、成熟期的产物，是随企业变革而不断完善创新的过程。

（二） 应注意的问题

1．考核目的

要开展绩效考核工作，首要回答的问题就是为什么要开展绩效考核工作，这个问题不加以明确，势必使绩效考核陷于盲目。

企业要开展绩效考核工作，核心问题是使企业的战略目标得以顺利实现。要实现战略目标，人是其中最关键的因素。如何使人力资源发挥最大效能，调动人的积极性，使企业各级管理人员都有使命感，进而发挥创造力，使公司具有运行活力，进而对人力资源进行整合，使优者得其位，劣者有压力并形成向上动力，使企业目标在优化的人力资源作用下得以顺利实现等问题，正是绩效考核所要解决的最本质的问题。

2．目标责任体系

（1）从目标到责任人

绩效考核不是孤立事件，它与企业人力资源管理、经营管理、组织架构和发展战略都具有相关联系，企业战略目标通过目标责任体系和组织结构体系分解到各个事业单元，与对应的责任人挂钩。

（2）从出发点到终点

因目标不是独立部门可完成的，从任务出发点到终点，通过企业每一环节的优秀业绩，保证整体业绩的最优。因此应根据业务流程图，明确部门间的协作关系，并对协作部门相互间的配合提出具体要求。

（3）对目标责任的一致认可

对工作目标的分解，要组织相关责任人多次研讨，分析可能性，避免执行阻力，直到目标由考核者和被考核者达成一致，这时以责任书的方式统一发布，并要明确奖惩条件，由责任书发出者与责任书承担者双方签订责任书的方式确定。

3．评价标准

（1）成功关键因素

企业经营业绩并不是简单的投资与报酬，成本与收益之间的对比关系，因无论是成本或收益，均受多种因素的影响。指标设定的科学、全面、有效性与否直接关系到绩效考核的客观性和公正性。因此指标设定，一定是完成目标责任的成功关键因素，通过对这些因素监督、控制、考核的过程，确能推进目标的实现。

（2）指标确定

①通过努力在适度的时间内可以实现，并有时间要求。

②指标是具体的、数量化的、行为化的、具有可得性。

③可衡量化，不论是与过去比，与预期比，与特定参照物比，与所花费的代价比较，都有可操作性，现实的、可证明的、可观察的。

④不能量化的，描述细化、具体，可操作。

⑤经过同意制定，说服力强。

（三） 考核办法

1．直线制管理考核办法

在平衡计分卡考核体系下，对具体的责任人进行考核时，由责任人的聘用者、任务发出者及责任人的服务管理对象作为主要考核人，对责任人的工作业绩进行考核。同时责任人的个人业绩测评、责任人的协作部门的测评可作为辅助测评意见。以上意见进行综合，作为该责任人的绩效考核成果。

公司董事长由董事会成员、监事会成员、高管层进行考核；董事长及监事会成员、总经理分管工作的单位负责人及其员工代表、客户等对总经理的工作业绩进行考核，吸收党委、工会成员参加测评；董事长、总经理、监事会成员及副总经理分管的工作部门负责人及其员工代表、客户等对副总经理的工作业绩进行考核，可吸收党委、工会成员参加。

党委书记则由上级主管部门、党委成员及支部负责人、党员代表进行考核，可吸收职工代表参加测评；工会主席则由上级主管部门、党委书记、党委委员、职工代表参加测评。其他人员以此类推。

这样考核的原因在于责任人的工作由上级领导安排落实，上级领导对下属工作的完成情况最关心，情况最了解，同时也在管理上由上级领导负责。责任人执行情况，责任人的下属最了解，对责任人是否有所作为也最了解，因此责任人的上下级对责任人的考核最有发言权。吸收协作部门及个人测评，可力求使测评成果更客观、公正。

2．管理者的考核责任

主管领导有义务和责任对其管理权属内的责任人进行考核评价，不宜以民主测评等方式推卸应由领导履行的职责。有些管理人员对自己下属的工作了如指掌，可就是不愿直接指出下属的不足，对下属工作不满意不愿直接触及矛盾，调整工作岗位更是难以下手，于是采取民主评议方式，让员工说出自己想说的话。这样做的结果往往是被考核人不服气，且滋生对管理人的不满，对考核工作不仅无促进作用，还会走向阻碍工作开展的方向。管理者在被管理者心目中树立权威的机会也会因此丧失，下属由于不能直接搞清楚管理者的意图和自己在其心目中的形象，不能感受到上级对自己的信任，领导也不可能对下属有更全面明晰的把握，易形成症结影响工作。

3．考核办法评价

考核办法没有先进与落后，只要适合于企业实际，能够客观地、有针对性地评价管理人员的工作业绩，对开展工作有效地起到了促进作用，考核办法就值得采纳。

（四）考核信息反馈及成果兑现

1．考核信息反馈

（1）对考评结果要做到全面分析，对未达标的工作部分要加以分析，找出原因并加以修正，调整战略目标，细化工作职责标准，调整平衡计分卡的内容，使之建立新的平衡。

（2）对考核成果要充分进行利用，要及时由管理人员对有关的责任人进行沟通，对考核结果指出的责任人的优点给予充分的、具体的肯定，最好能以事例补充说明，让责任人感觉到领导者不是泛泛地空谈，而是真诚的认可。对于考核者存在的不足，要明确提出，并问清楚责任人缘由，听取他对改进工作的意见建议，如有道理要尽可能采纳。如继续任用，则应提出具体的建议要求及改进工作的途径，以保证工作质量提高。即使不再任用，也要明确提出，使责任人充分理解，使之心服口服。

（3）切忌对考核结果置之一边，任由被考核者猜测引起负面影响。

2．考核成果兑现

对考核成果要按照目标责任书的奖惩约定，及时进行奖惩兑现。

（五） 持续性考核

绩效考核是一项复杂的系统工程，计划、监控、考核流程、成果运用等动态管理，构成绩效考核的主要工作内容。因此要持续不断地根据考评工作中存在的问题改进考核工作，同时还要把工作制度化、持续性地开展下去。这样考核工作就会受到各级管理人员的高度重视，其创造价值中心的作用就会越来越大。

（六） 与绩效考核挂钩的注意问题

1．对企业盈亏平衡负责，即有业绩底线要求，达成业绩底线方可享有全额底薪，达不成业绩底线则只能拿部分底薪（最低不低于底薪的一半），一般取底薪的50%。业绩底线一般指企业的量本利分析得出的盈亏平衡点。

2．总经理可以有一定比例的奖励和接待费用支配权，该比例与总业绩挂钩。

3．高管拿业绩提成，提成比例可根据不同的业绩额度向上增长。

4．代总经理、副总经理、总经理可以拿分红，工作绩效表现优良，在职期限达到一定时间的甚至可获得注册股。

（七） 真正做好考核

战略层面的绩效、公司层面的绩效、部门（团队/班组）层面的绩效和岗位（员工）层面的绩效，每一层面都要就具体细节讨论。

具体实施层面：在实施过程中，分部门、分组进行，不要一起上，易造成普遍激化，要把不合理的项目记录下来，进行跟踪，完善。

实施的时间：在实施过程中，各层面应有共同的观念，必须保证有一定的时间给予缓冲，总结，正常的 3~6 个月才能反映出真正的效果，还要做出预案，以防实施过程中突发问题的产生，以免造成被动。

总结、修正阶段：实施 3~6 个月，进行修正、修改，集中意见进行再讨论，再实施，再修正。

等各个部门实施达到效果后再全面展开，整个薪酬考核才算完成。

六、 绩效考核的误差

（一） 信度与效度

1．信度是指考核结果的一致性和稳定性程度，即用同一考核方法和程序对员工在相近的时间内所进行的两次测评结果应当是一致的。

影响考绩信度的因素有考核者和被考评者的情绪、疲劳程度、健康状况等，也有与考核标准有关的因素，如考核项目的数量和程序，忽略了某些重要的考核维度，不同的考核者对所考核维度的意义及权重有不同的认识等，这些因素都会降低考绩的信度。为了提高考绩的信度，在进行考核前应首先对考核者进行培训，并使考核的时间、方法与程序等尽量标准化。

2．效度是指考核结果与真正的工作绩效的相关程度，即用某一考核标准所测到的是否是真正想测评的东西。

为了提高考绩的效度，应根据工作职责设置考核的维度和每一维度的具体考核项目，在充分调查研究基础上确定每一项目等级设定的级差数以及不同维度的权重数，并着重考核具体的、可量化测定的指标，不要流于泛泛的一般性考核。

绩效考核过程中不可避免地存在这样或那样的偏差，一定程度上影响着绩效考核的公正性、客观性。因此，要克服近因效应、光环效应、暗示效应等干扰，全面、客观、公正地对被考评者的工作进行评价，同时要进行必要的培训，以减小偏差，使考核的有效性最大化。

（二） 绩效考核误差类别

1．考评指标理解误差

由于考评人对考评指标的理解的差异而造成的误差。同样是"优、良、合格、不合格"等标准，但不同的考评人对这些标准的理解会有偏差，同样一个员工，对于某项相同的工作，甲考评人可能会选"良"，乙考评人可能会选"合格"。避免这种误差，可以通过以下三种措施来进行：

（1）修改考评内容，让考评内容更加明晰，使能够量化的尽可能量化。这样可以让考评人能够更加准确的进行考评。

（2）避免让不同的考评人对相同职务的员工进行考评，尽可能让同一名考评人进行考评，员工之间的考评结果就具有了可比性。

（3）避免对不同职务的员工考评结果进行比较，因为不同职务的考评人不同，所以不同职务之间的比较可靠性较差。

2．光环效应误差

当一个人有一个显著的优点的时候，人们会误以为他在其他方面也有同样的优点。这就是光环效应。在考评中也是如此，比如，被考评人工作非常积极主动，考评人可能会误以为他的工作业绩也非常优秀，从而给被考评人较高的评价。在进行考评时，被考评人应该将所有考评人的同一项考评内容同时考评，而不要以人为单位进行考评，这样可以有效地防止光环效应。

3．趋中误差

考评人倾向于将被考评人的考评结果放置在中间的位置，就会产生趋中误差。这主要是由于考评人害怕承担责任或对被考评人不熟悉所造成的。在考评前，对考评人员进行必要的绩效考评培训，消除考评人的后顾之忧，同时避免让与被考评人不熟悉的考评人进行考评，可以有效地防止趋中误差。也可使用"强迫分布法"，即将所有被考评人从优到劣依次排列，然后按各分数段的理论次数分布分别给予相应的评分。

4．近期误差

由于人们对最近发生的事情记忆深刻，而对以前发生的事情印象浅显，所以容易产生近期误差。考评人往往会用被考评人近一个月的表现来评判一个季度的表现，从而产生误差。消除近期误差的最好方法是考评人每月进行一次当月考评记录，在每季度进行正式的考评时，参考月度考评记录来得出正确考评结果。

5．个人偏见误差

考评人喜欢或不喜欢（熟悉或不熟悉）被考评人，都会对被考评人的考评结果产生影响。考评人往往会给自己喜欢（或熟悉）的人较高的评价，而对自己不喜欢（或不熟悉）的人给予较低的评价，这就是个人偏见误差。采取小组评价或员工互评的方法可以有效地防止个人偏见误差。

6．压力误差

当考评人了解到本次考评的结果会与被考评人的薪酬或职务变更有直接的关系，或者惧怕在考评沟通时受到被考评人的责难，鉴于上述压力，考评人可能会做出偏高的考评。解决压力误差，一方面要注意对考评结果的用途进行保密，一方面在考评培训时让考评人掌握考评沟通的技巧。如果考评人不适合进行考评沟通，可以让人力资源部门代为进行。

7．完美主义误差

考评人可能是一位完美主义者，他往往放大的被考评人的缺点，从而对被考评人进行了较低的评价，造成了完美主义误差。解决该误差，首先要向考评人讲明考评的原则和方法，另外可以增加员工自评，与考评人考评进行比较。如果差异过大，应该对该项考评进行认真分析，看是否出现了完美主义错误。

8．自我比较误差

考评人不自觉的将被考评人与自己进行比较，以自己作为衡量被考评人的标准，这样就会产生自我比较误差。解决办法是将考核内容和考核标准细化和明确，并要求考评人严格按照考评要求进行考评。

9．盲点误差

考评人由于自己有某种缺点，而无法看出被考评人也有同样的缺点，这就造成了盲点误差。盲点误差的解决方法和自我比较误差的解决方法相同。

10．后继效应

后继效应亦称记录效应，即被考评人在上一个考评期内考评结果的记录，对考评人在本期内考评所产生的作用和影响。其原因是：考评人不能认真地按照考评标准、不受上期考评记录的影响，对每个被考评人独立地进行每一次的考评。解决方法是训练考评人一次只评价全体被考评人绩效的某一方面，然后再评价另一方面，最后再将每个被考评人的所有评价结果汇总起来。

七、 KPI 绩效考核

（一） KPI-Key Process Indication 企业关键业绩指标

KPI 是通过对组织内部某一流程的输入端、输出端的关键参数进行设置、取样、计算、分析，衡量流程绩效的一种目标式量化管理指标，是把企业的战略目标分解为可运作的远景目标的工具，是企业绩效管理系统的基础。

（二） KPI 体系的建立

建立 KPI 指标的要点在于流程性、计划性和系统性，指标必须是可以测量的，要按照定性和定量相结合原则，使指标之间具有相对独立性和一定的层次性。

（三） KPI 绩效考核的要点

KPI 绩效考核体系强调用工作结果来证实工作能力，通过被考评者在自然状态下稳定的工作表现证明其实际能力，在企业管理过程中，要求任职中具有一定能力的目的，实质上是期望任职者有预期的工作表现，能达到预定的工作目标。

八、 如何做好目标绩效考核

（一） 考核指标的 SMART 原则

S：（Specific）——明确的、具体的。指标要清晰、明确，让考核者与被考核者能够准确地理解目标。

M：（Measurable）——可量化的。一家企业要量化老板、量化企业、量化组织架构。目标、考核指标更要量化，比较好、还不错这种词都不具备可量化性，将导致标准的模糊，一定是要数字化的。没有数字化的指标，是不能随意考核的，

一考核就容易出现误差。

A：（Attainable）——可实现的，目标、考核指标，都必须是付出努力能够实现的，既不过高也不偏低。比如对销售经理的考核，去年销售收入 2000 万，今年要求 1.5 亿，也不给予任何支持，这就是一个完全不具备可实现性的指标。指标的目标值设定应是结合个人的情况、岗位的情况、过往历史的情况来设定的。

R：（Relevant）——实际性的、现实性的，而不是假设性的。现实性的定义是具备现有的资源，且存在客观性、实实在在的。

T：（Time bound）——有时限性的，目标、指标都是要有时限性，要在规定的时间内完成，时间一到，就要看结果。如要求 2000 万的销售额，单单这么要求是没有意义的，必须规定在多长时间内完成 2000 万的销售额，这样才有意义。

（二） 如何设定目标

目标绩效来源于对企业经营目标的分解，即为完成战略而将企业经营目标逐层分解到每个部门及相关人员的一种指标设计方法。

从管理学上说，目标是比现实能力范围稍高一点的要求，也就是"蹦一蹦，够得着"的那种。"目"就是眼睛看得到的，想得到的，愿意得到的，它是一种梦想；"标"者，尺度也。目标就是有尺度的目标，没尺度的梦想叫幻想、空想、异想天开。

目标不是凭空吹出来的，不是虚构刻画出来的，不是闭门造车想出来的，而是企业上下一心，大家一起缔造出来的，要有翔实的数据，有人认同，有完成的周期，还要有激情，要经过精确的预算和计划。

目标设立后，企业一定要想办法把它变成大家的梦想，要让每一个员工都去认同它。只有当员工和公司存在共同信念时，员工才能在一家公司深入长期地发展。

通过目标分解所得到的指标，其考核的内容是每个岗位、每个人最主要的且必须完成的工作。各层级人员的目标指标是层层分解而得的。绩效考核必须是由上而下的，董事长、总经理要以身作则，单纯地只对普通员工做考核是不能形成企业的考核文化的。

（三） 常见的指标

1．销售额（销售收入）

2．生产成本（次品率、产品成本、生产员工产值、生产成本降低率）

3．采购成本（原材料成本、设备成本、进货成本）

4．管理成本（运营成本节约率）

5．营销成本（费销比）

6．人员工资成本（人才达成率、人才培训率、工作饱和度、工资效益比）

7．税务成本（节税率、税销比）

8．商业模式建设（商业模式的量化、标准化、有形化）

9．生产系统建设（生产流程、标准的制定、颁布、培训、实施、修订）

10．组织系统建设（组织系统的方案制定、颁布、培训、实施、修订、评估）

11．业务系统建设（业务流程的制定、颁布、培训、实施、修订）

12．财务体系建设（财务流程、规章制度的制定、颁布、培训、实施、修订）
流程体系建设（运营流程的制定、颁布、培训、实施、修订）

第七章　薪酬管理

第一节　薪酬概述

一、薪酬的定义

薪酬，由薪和酬组成。在汉语中，"大者可析谓之薪；小者合束谓之柴"，薪是生活的必需品的代名词，即代表一种物质价值。而酬乃劝酒也，"先自饮，乃饮宾，为酬"。即代表交互性，所谓有来有往，以心换心。薪，薪水，又称薪金、薪资，包括工资、资金、分红、物资福利等可以货币化的个人回报，是可以数据化的、量化的、是一种着眼于物质层面的酬劳，如逢年过节给员工发点花生油、米等物资。酬，报酬、报答、酬谢，包括非货币化的福利、成就感、发展的机会等，是一种着眼于精神层面的酬劳。酬的定义非常广阔，所有的非经济报酬都可以称之为酬，给员工有兴趣的工作，富于挑战性和发展的机会，培训，恰当的社会地位标志，公众认可，舒适的工作条件和环境这些都是酬。当然，还有各种各样爱的表示。组织员工旅游，给员工荣誉、尊重、奖杯，为员工开生日宴会，体贴的弹性工作制，这些关心和爱都组成了酬。

薪和酬之间的关系如何？薪和酬就像硬币的两面，必须同时存在，同时考虑。如果薪是 100 分，酬是 0 分，则变成了单纯的利益关系，员工对企业没有归属感，凡事只谈报酬，只谈收益；如果酬是 100 分，薪是 0 分，则员工纵然理想再大，信念再多，亦难以长期坚持。薪是钱，酬是爱，要么给钱，要么给爱。如果能把钱和爱结合起来运用，所达到的层次和效果明显就高多了。

在英文中有三个相关的词汇：Wage、Salary，和 Pay。Wage 指简单劳动或体力劳动者所得的工资、工钱，指根据合同并以小时、天数或计件为基础付给劳动或服务的报酬，常用复数形式；这种报酬只能够维持生活的报酬，一般用在周薪（weeklywage）和最低工资（minimum wage）的表述中。在香港、台湾地区的劳资关系法案中，工资主要用在建筑餐饮服务业佣工和家庭佣工的劳资关系中。因此，国外和港台地区所使用的工资 wage 主要有两个含义：它是指因劳动或服务而产生的报酬，而不包括因管理、资本、技术等因素产生的收入；它的使用一般限于蓝领阶层，也就是我们常称的生产操作人员。从这里看出，国内使用的"工资"概念比国外要宽泛，把管理、技术所产生的报酬都纳了进来，导致了对薪酬和工资概念的混淆。

Salary 来自 Salt，古罗马支付文官的方式之一，美国 Salary 是指非体力劳动者（中高级员工）所得到的工资、薪水，通常按月，有时按季或年计算；根据韦氏和牛津两个权威辞书的解释，salary 是指按月发放的年俸，限指白领阶层的收入。从台湾、香港地区的法案中查找，薪资也主要用来表述政府职员、公司白领雇员的收入。与 Salary 含义相近的是薪水。薪水也被称作薪资。这个词目前还没有出现在国内的法律文件中，只在《现代汉语词典》有收录："薪水"即是工资。这显然是援用了工资的概念。国内的"薪水"范畴比 salary 要广，包括了普通雇员的劳动报酬。正是这样，才出现了工资和薪水（薪资）不分，相互替代的现象。这里并非有意要对不同劳动形式的劳动者人为地进行差别对待，而是在当今建设和发展社会主义市场经济的前提下，我们一方面要尊重普通劳动，另一方面要大力鼓励和重视管理、技术等复杂劳动，这就必须对不同劳动形式采取相应的分配政策。只有这样，才能激发所有劳动者的工作热情，才能激励人才涌现，才能从根本上贯彻按劳分配原则。

在美国 Salary 和 Wage 分别与豁免雇员（Exempts）和非豁免员工（Nonexempt）概念相联系。根源于一部重要的法律。《公平劳动标准法案》于 1938 年颁布生效，并自颁布之日起历经数次修改，该法案的一条主要宗旨是确保美国的工人享受最低工资的保护，法律规定雇主必须保证工人的最低小时工资，并且如果工人每周工作超过 40 个小时，雇主必须为超过的时间向工人支付合理的加班工资（通常是1~5 倍的工资）。于是，在办公场所催生出两种不同的员工：豁免员工和非豁免员工。这两种员工的关键区别在于豁免员工得到的是固定的周薪、双周薪、月薪或年薪，无论他们在固定的时间或一周或一个月内工作多少小时，而非豁免员工的薪水是按照小时计算的（虽然有些非豁免员工领取的是薪水）。但是，如果非豁免员工一周的工作时间超过 40 小时的话，需要支付加班费。

这种豁免/非豁免的区分是带有极端主观色彩的。例如，负责监督员工、管理某项预算或是需要超出规定的条条框框自行进行分析、判断、解决的工作，那么该职位就可能是豁免的，而像一些行政性的工作，如填写表格或只需要按照条条框框执行、无须自己再分析判断解决的工作，这样的职位可能就是非豁免的。如果企业一直将某位员工归为豁免员工，而政府的劳工部门不认同企业的划分方式，企业将要向这名员工补发所有的加班费，时间要追溯到两到三年前。这笔补发款将会是很巨大的一笔数额。采用什么样的方式划分员工的豁免身份，会因为企业身处行业的情况而变得很复杂。

Pay 指不论工作性质如何，针对劳动所支付的报酬，它包含 salary 和 wage（s）（pay is paid for a job），为不可数名词。

总之，只有最终实现了物质和精神的报酬、短期和长期的激励，雇员才得到了全方位的补偿，这才是薪酬应有之义，脱离精神的报酬，就很难全面理解薪酬的实质。compensation 一般被用来指雇员的一揽子整体性薪资，包括工资、种种奖励、红利、福利以及其他收入等，所以 compensation 一词应该包含薪酬的全部意义。

从广义上看，Compensation 等同于 Reward，即报酬，是员工通过自己的劳动所换取的所有回报，如果分两部分，就是外在报酬（财务报酬）和内在报酬（非财务报酬）；如果分三部分，就是以货币形式支付的直接报酬、以间接货币形式支付的间接报酬和福利和非财务报酬。如果分四部分就是：工资、奖金、福利和非财务报酬。

二、 薪酬的组成部分

一般来说，薪酬由工资、奖金和福利这三个部分组合而成。

工资是薪酬中的固定部分（不包括福利和津贴），代表一个工作的职位价值，不代表职位任职者实际工资。国际劳工组织大会在1951年就通过了同工同酬公约，我国劳动法也明文规定同工同酬的分配原则。《劳动法》第46条规定：工资分配应当遵循按劳分配原则，实行同工同酬。同工同酬的"工"是指职位、岗位。"酬"是岗位工资，而不是所有的收入。同工同酬的前提是相同的劳动成果，所以公平性体现在岗位工资的一致性，同工同酬是指企业内部的同工同酬，而且根据能力和绩效的不同，总收入应该不同。

奖金指支付给职工的超额劳动报酬和增收节支的劳动报酬，衡量标准是绩效考核分数。这是薪酬中的第二部分。虽然，通常奖金是指财务上的奖励，奖金也包括休假的奖励、本地健康俱乐部的免费会员资格或商品折扣。奖金是避免吃大锅饭的最好形式，它反映了员工的现实价值。在现代人力资源管理的理念中，雇员具有双重性质，一方面，他本身是劳动力商品，具有商品的市场价格；另一方面，他又被视为人力资本的占有者，而既然是资本，就必然要求分得资本的利润。所以在此情况下，雇员得到的不仅有相当于劳动力市场价格的薪资，还有资本性的收益。资本性的收益是奖金的形式体现的，包括短期和长期激励。

奖金和工作比较起来，工资是稳定的、刚性的，但是奖金却是变动的、灵活的。基于结果的绩效考核分数往往不完全等于员工的实际能力，其中有误差和运气的成分。但是如果员工业绩非常优异而且通过业绩可以确信员工能力有某种程度提高的话，就可以给予员工议程一定程度"永久的奖励"，这种根据员工的实际工作绩效确定的基本薪酬增长被称为绩效加薪（Merritt pay）。

薪酬中的第三部分是福利，这部分支付是固定不变的。包括法定福利和非法定福利。目前，国外企业支付的动态薪酬主要是除法定福利之外的各种商业福利，如养老医疗保险、父母赡养开支、带薪休假、托儿服务、危重家属帮助计划等。这三者之和构成了对雇员劳动或服务的全部物质补偿。假设C代表薪酬，W代表雇员的劳动力价格，W'代表雇员人力资本的收益，B代表福利，那么$C=W+W'+B$。

福利的主要功能应该"留人"。如果说工资是让员工"吃得饱"，奖金就是要让员工"干得好"，福利是让员工"走不了"！

工资、奖金、福利就是薪酬的全部吗？从狭义的角度看，工资、奖金、福利基本上等同于薪酬了，即狭义薪酬是指员工因被雇佣而获得的各种以物质形态存在的经济收入、有形服务和福利等。这些全部与钱有关。但是金钱又不是万能的。钱可以买到房屋，但不可以买到一个家；钱可以买到钟表，但不可以买到时间；钱可以买到一张床，但不可以买到充足的睡眠；钱可以买到书，但不可以买到知识；钱可以买到医疗服务，但不可以买到健康；钱可以买到地位，但不可以买到尊贵；钱可以买到血液，但不可以买到生命；钱可以买到性，但不可以买到爱。金钱的数量是人才的市场价格，但是支付同样的薪水，一个企业可以吸引人才留下并充分发挥自己的才能，在另外一个企业却想早点离开，即使留下来也难以创造价值。这又说明薪酬不是简单的钱多钱少的问题，另外一部分的重要内容是精神激励。广义上看，薪酬不局限于货币化的薪酬福利，其中加入了赞扬、地位、学习机会、雇佣安全与挑战性工作的机会等内容。

马斯洛的需求层次理论、赫茨伯格的双因素理论以及亚当斯的公平理论都揭示人的需求有不同层次，而且环境因素也会对人的满足度产生重要影响。虽然不能否认，在吸引人才方面，钱确实非常重要，但是，在留住人才和激励人才方面，钱的作用就大打折扣。盖洛普公司在一项历时25年，涉及8万名经理人员和100万名员工的研究中，得出结论：员工来到一家公司，离开一位上司。即吸引员工来到公司的是公司本身的条件如薪酬、品牌、发展前景等，而员工离开企业则是因为自己的上级。员工上下级之间合作的不融洽是员工离开公司的最主要的原因，由此可见，人不是纯粹的理性人，他不会因为经济收入而压制自己的心情和个人情绪。这也可以看出单纯的货币形式的薪酬结构已远远不能满足员工的需求。所以现代企业的薪酬已不纯粹是货币形式，它还包括精神方面的激励，如优越的工作条件、良好的工作氛围、培训机会、晋升机会等，物质和精神并重。薪酬体系的设计将逐步由制度性向满足人才个性化需求、提高个人满意度方向发展。专家指出企业设定薪酬时应更多地考虑员工生活的方便性、生活的幸福感、提高个人能力、个人成就感和公平感等方面。

第二节 第二节　工资制度与工资给付

一、 如何制定薪酬策略

要制定适合企业本身的薪酬策略，首先要明确企业想要薪酬实现什么样的作用。一般而言，薪酬对于企业来说，有三大作用：价值体现作用、激励作用和风险共担作用。价值体现作用是指薪酬应该体现不同岗位对企业做出贡献的多少。贡献不同的岗位，其薪酬水平也应该是不同的。激励作用是指薪酬应该起到激励员工更努力地工作，激励员工不断提升自己的工作业绩的作用。在同一岗位，不同业绩的员工的薪酬水平应该是不同的。风险共担作用是指薪酬应该起到企业薪酬总水平与企业的经营成果相挂钩的作用。企业经营效果好时，企业所有员工的薪酬水平都有所增长，当企业经营效果不好时，企业所有员工的薪酬水平都有所下降。

明确了薪酬的作用后，就可以进行薪酬策略的制定。薪酬策略的制定包括两个方面：薪酬结构的设计和薪酬水平的设计。其中薪酬结构设计是确定员工合理的薪酬组成部分，以及各组成部分之间的比例。通过薪酬结构的设计可以搭建薪酬发挥其三大作用的基础。而薪酬水平设计则主要是制定企业内各岗位之间的相对薪酬水平，以及各岗位与市场薪酬的相对水平。薪酬水平的设计主要是真正起到薪酬的价值体现作用：在企业内部，岗位价值越高的岗位的薪酬水平应该越高；相对于企业外部，企业应该提供相对于市场薪酬有一定的竞争力的薪酬水平。

（一） 薪酬结构设计

薪酬结构中应该包括岗位工资、绩效工资、奖金、销售提成（针对销售人员）这四部分。其中岗位工资是体现薪酬的价值体现作用的，价值不同的岗位工资应该不同；绩效工资是体现薪酬的激励作用的，根据员工的业绩表现确定绩效工资的发放额；奖金则是体现薪酬的风险共担作用的，将员工的一部分薪酬预留至年底根据企业的经营业绩发放。而销售提成则是体现对销售人员的激励作用。薪酬结构设计时应该考虑企业内工作性质不同的岗位，比如销售、生产、研发和行政；

以及岗位级别不同的岗位，比如高层、中层、基层员工在薪酬结构的不同。岗位级别越高的员工起风险共担作用的薪酬的比例应该越高。而从工作性质的角度从销售、生产、研发到行政，起激励作用的薪酬的比例应该逐渐降低。同时，为了增强薪酬的导向作用，体现岗位价值的岗位工资，体现激励作用的绩效工资（或销售提成）和体现风险共担作用的奖金应该设定不同的兑现周期。

（二） 薪酬水平设计

在进行薪酬水平设计时，要从企业内部和市场薪酬水平两方面考虑。其中企业内部的考虑因素主要有以下几个：企业能够承受的薪酬总额是多少，企业内部能够承受的薪酬水平最高与最低差距是多大，企业内部是否有一个衡量岗位价值的客观标准。根据产品生产的复杂程度和自动化程度的不同，制造业企业的薪酬总额占销售收入的比例有非常大的差异。薪酬总额可以根据企业利润率达到行业平均利润率时薪酬总额占销售收入的比例确定。薪酬水平的差距一方面要根据企业文化，另一方面也要根据行业内的优秀企业进行确定，应该适当地拉大差距。而衡量岗位价值的客观标准则要基于企业的积累，如果企业没有能力对岗位价值进行客观的衡量，则可以聘请专业的咨询机构进行客观评价。

薪酬水平设计时在考虑企业内部因素的同时应该考虑市场薪酬水平。将本企业的薪酬水平与市场薪酬水平进行对比，可以让本企业的薪酬水平与市场尽量接轨，避免出现某些岗位薪酬水平严重偏离市场水平从而造成不稳定的因素。特别是对于企业特别关键的核心岗位或员工，企业应该采用相对于市场具有竞争力的薪酬水平。

二、 建立薪酬策略的动态调整机制

企业的薪酬策略不应该是一成不变的，而是应该随着企业的变化、行业的变化和劳动力市场的变化而进行动态的调整。因此就应该建立一套薪酬策略动态调整的机制，使企业的薪酬策略能够保持生命力，能持续发挥其价值体现、激励和风险共担的三大作用。

要进行薪酬策略的动态调整，就要建立一个策略调整的促发机制。促发机制包括两种，一种是常规的主动促发——年度薪酬策略审视促发，另一种是非常规的被动促发——重大变革促发。

常规的主动促发机制是指每个企业应该建立年度薪酬策略审视的机制。在每年年末进行新一年度的薪酬预算前，首先对上一年度的薪酬状况进行分析和评估，进行员工薪酬满意度调查。了解上一年度的薪酬策略在运行过程中存在的问题，根据存在的问题进行薪酬策略的必要的调整。

非常规的被动促发机制是指企业应该建立薪酬策略调整的预警机制。在企业的战略、组织结构发生重大变化，行业内主要竞争对手的薪酬策略发生重大变化或劳动力市场的薪酬水平发生重大变化时能进行薪酬策略的调整。其中企业的战略、组织结构的调整会导致企业的薪酬总额预算发生变化，企业内关键岗位的相对价值发生变化，这就应该相应的进行调整。

薪酬策略一般不宜频繁的发生变动，因此在确定薪酬策略调整的促发机制时，应该确定较高的促发条件。而且促发机制应该更加关注企业内部的促发因素。

如果联科工程机械一开始就能按照上文中的方法进行薪酬策略的制定，就不会再采用管理人员的薪酬与车间平均工资挂钩的方式，也就不会产生由于技改而导致全厂人工成本不断攀升的结果。如果王厂长能够要求薛处长每年都进行薪酬策略执行情况的分析，也就不会到三年后问题比较严重的时候才发现薪酬总额偏高的现象。因此，制定合理的薪酬策略并对其进行动态的调整是企业进行科学的薪酬管理的基本要求。

三、 工作分析与岗位评价

工作分析又称岗位分析或者职务分析，主要内容有三个，一是进行组织结构优化或设计，二是对准备设置的各个岗位进行分析，重点关注其岗位职责划分与任职要求，三是编写详尽的岗位说明书。

岗位评价又称岗位评估或者工作评价，主要是运用现行较为科学的多因素岗位评价法，确定各个岗位在企业内部相对价值的大小，以此为依据，再进行后续的薪酬结构设计、激励体系设计、内部晋升通道设计、员工职业生涯规划等工作。

我们北大纵横已经运用非常纯熟的 22 因素、16 因素、12 因素等方法就非常符合企业实际。

这两方面的工作是后续很多 HR 工作的基础。比如岗位说明书对外可以作为招聘的依据，对内可以作为竞聘上岗的依据、内部职责协调的依据、员工晋升通道设计的依据等。岗位评价的结果一般是以岗位内部价值分布线的形式体现的，可以直观看到各个岗位在企业内部相对价值的大小，这是设计薪酬结构时体现内部公平性的重要依据，也是激励体系设计、员工晋升通道设计、员工职业生涯规划等的依据。实际管理中，不同的公司对上述两项工作成果的应用还有很多其他方向。

作为项目经理，必须注意的有三点：

一是进行工作分析编写岗位说明书时，一定要与组织结构设计、管理流程与业务流程优化结合起来，避免出现岗位说明书中岗位职责的界定与流程中该岗位的职责内容相脱节。

二是岗位评价得到的岗位内部价值贡献只是反映该企业内部相对公平状况的，我们在微调最终结果时，决不能照搬其他企业的情况，比如有些公司的财务人员是处于内部高位的，而有些公司则是销售人员地位最高，这要根据企业实际情况来定。

三是在采用多因素评价法时，一定要根据企业实际情况来取舍各个因素，千万不要照搬死学。比如笔者曾经的一个客户企业，需要进行评价的岗位涉及业务跨度很大，行政、财务、人事、生产、营销、研发等各个方面都有，这时就一定要尽量选取能覆盖绝大多数岗位的因素指标，而不能过多采用只能涵盖少部分岗位的指标，这会等于给部分岗位加分了。

四、 薪酬调查

薪酬调查就是通过各种正常的手段，来获取相关企业各职务的薪酬水平及相关信息。对薪酬调查的结果进行统计和分析，就会成为企业的薪酬管理决策的有效依据。这一步骤其实并不应列在上一步骤之后，两者应同时进行。我们这里说的薪酬调查主要指周边地区及本行业的调查。

薪酬调查主要需研究两个问题：一是要调查什么；二是怎样去调查和作数据收集。调查的内容，当然首先是本地区，本行业，尤其是主要竞争对手的薪资状况。参照同行或同地区其他企业的现有薪资来调整本企业对应岗位的薪酬，可以有效保证企业薪酬体系的外部公平性。

做薪酬调查的主要途径和方法有：

（一） 企业之间的相互调查

相关企业的人力资源管理部门可以采取联合调查的形式，共享相互之间的薪酬信息。这种相互调查是一种正式的调查，也是双方受益的调查。调查可以采取座谈会、问卷调查等多种形式。

（二） 委托专业机构进行调查

现在，一线大城市均有提供薪酬调查的专业机构。通过这些专业机构调查会减少人力资源部门的工作量，省去了企业之间的协调费用，但同时需要支付一定的服务费用。

（三） 从公开的信息中了解

有些企业在发布招聘广告时，会写上薪金待遇，某些城市的人才交流部门也会定期发布一些岗位的薪酬参考信息，另外通过其他企业来本企业的应聘人员可以了解一些该企业的薪酬状况。

作为项目经理，必须注意的有三点：

一是薪酬调查的地域性和行业性非常强，我们做项目时如果没有足够的时间和资源做薪酬调查的话，最好把这块工作明确为由客户在项目组指导下自行完成。

二是薪酬调查主要关注本地区同行业企业尤其是竞争对手的薪酬水平，不要将范围定得过于宽泛。

三是薪酬调查的途径很多，同一岗位的薪酬水平数据会有差异，要注意选取可信度最高的数据。比如竞争对手来本企业应聘时讲的薪酬水平可信度就比较低。

五、 薪酬元素组合设计

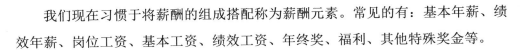

我们现在习惯于将薪酬的组成搭配称为薪酬元素。常见的有：基本年薪、绩效年薪、岗位工资、基本工资、绩效工资、年终奖、福利、其他特殊奖金等。

其基本释义如下：

（一）基本年薪：基本年薪是任职者年薪构成中的一部分，日常基本的生活保障，按月平均发放。

（二）绩效年薪：绩效年薪是任职者年薪构成中的另一部分，由员工年度考核结果决定发放。

（三）超额奖励：为鼓励高管为公司创造超额价值，特设超额奖励。

（四）岗位工资：岗位工资通过采取岗位分等、等内分档、一岗多薪的方式体现岗位和个人技能的差异，在工作分析与岗位评价的基础上，以评价的结果作为确定岗位工资等级的依据。

（五）岗位工资包括：基本工资、绩效工资。其中绩效工资又包括：季度绩效工资、年终奖。

（六）基本工资：基本工资是岗位工资的一部分，每月按定额发放。

（七）季度绩效工资：季度绩效工资是绩效工资的一部分，由员工的季度考核结果确定。

（八）年终奖：年终奖是绩效工资的一部分，由员工的年度考核结果确定。

（九）福利：基本社会保险、员工婚丧嫁娶补贴等等。其他特殊奖金：特殊奖金的目的在于对员工的优秀表现予以正向强化，以激励员工自觉地关心集团的发展，维护集团的形象。

作为项目经理，笔者感觉必须注意的有三点：一是薪酬元素组合设计的首要前提是岗位群落的科学划分。比如我们可以根据工作内容、工作性质不同，将企业内的岗位划分为管理序列、职能序列、技术序列、销售序列、操作序列。不同序列，其组合差异较大。

二是薪酬元素组合不宜过于复杂。一般来说，一个员工的薪酬由4～7个元素组成即可，太少了，缺乏灵活性，太多了，过于复杂操作成本高。比如某企业管理序列人员的薪酬元素：年总收入=年基本收入+年其他收入=（月固定工资+月绩效工资+年度延迟支付工资）+（企业业绩分享+工龄工资+各类补贴或补助），一共 6 个元素，较好操作。

三是薪酬元素中短期兑现的和长期兑现的要有一定比例。原则上越是职位高的管理人员长期兑现比例越大，越是底层一般操作类员工短期兑现比例越大。

第三节　　员工福利

深得人心的福利，比高薪更能有效地激励员工。企业意识到人在经营活动中的重要性并不困难，难的是如何在企业的日常经营中贯彻以人为本的经营方略。高薪只是短期内人才资源市场供求关系使然，而福利则反映了企业对员工的长期承诺，也正是由于这一点，使众多在企业里追求长期发展的员工，更认同福利，而非单纯的高薪。

福利作为一种长期投资，管理上难就难在如何客观衡量其效果。在根据企业的经营策略制定福利政策的同时，必须使福利政策能促使员工去争取更好的业绩，否则福利就会演变成平均主义的大锅饭，不但起不到激励员工的作用，反而会助长不思进取、坐享其成的消极情绪。

对企业来说，员工福利是一把双刃剑，一方面企业要吸引和留住有能力的员工，企业必须提供适当的福利；另一方面，他们也知道控制和削减成本的重要性。在提供给员工的总薪酬中，福利占了很大一部分。一个良好合理福利政策的制定和完善，需要一个长期的过程，同时结合企业的不同发展阶段有针对性地提出加强甚至是减弱不同的福利项目。另外，企业的福利待遇也是和企业的高层管理者思想理念密不可分的。

一、　福利的概念

阿姆斯特朗这样陈述福利制度：有助于制定有竞争力的总薪酬组合中的条款，可以提供福利满足员工安全方面的需求以及满足员工有时提出的特殊经济支援的要求，因此可以论证这些福利是人道组织中的一部分，也为了提高员工对组织的承诺并且提供了一种可以通过征税产生效率的报酬方法。

里阿普德将福利描述为"薪酬组合中除了现金工资外的组合要素"。

通俗地讲，员工的福利待遇又称为劳动福利，它是企业为满足劳动者的生活需要，在工资和奖金收入之外，向员工本人及家庭提供的货币、实物及其他服务的劳动报酬，它是薪酬组成的一个重要组成部分，是工资和奖金等现金收入的一个重要补充。现代企业员工福利待遇可以区分两个组成部分，一部分是国家法定强制性福利，是根据国家的政策、法律和法规，企业必须为员工提供的各种福利。在我国主要是企业必须为员工缴纳的各种社会保险。如按国家劳动法律法规的规定，企业必须为员工购买退休养老保险、医疗保险、失业保险、工伤保险和劳动保险等。另一部分称为非法定福利即企业自愿性福利，是企业根据自身的管理特色和员工的内在需求，向员工提供的各种补充保障计划以及向员工提供的各种服务、实物、带薪休假等。如免费工作餐、提供交通费、住房补贴等等。

在开放所谓市场体系中，企业要赢得竞争的优势，就必须对其所需要的劳动力的数量和类型具有足够的吸引力。一般来说，劳动者选择企业除了考虑工资和奖金水平，还要考虑工作条件的优劣、福利待遇的高低、能否发挥作用等因素。企业兴建集体娱乐、健身设施、提供职工食堂、免费午餐，既方便了职工的生活，又创造了员工相互交流的机会；安排职工带薪休闲，可以帮助职工恢复和保持良好的精神和体力，这些都不是提供高工资所能取代的。

正如安勒·让派颇特（Anna M Rappaport）所描述的："在个人责任和民主不断变革的时代，政府、雇主和个人都在改变他们获得财务安全的方法，以及设法通过员工福利来实现这一点。"

对于员工而言，企业员工福利制度能满足他们多方面、多层次的需要，不仅能满足他们的经济与生活需要（如各种加班、乘车、伙食、住房等津贴与补助），还满足他们的社交与休闲的需要（如各种有组织的集体文体和旅游活动、有资休假等），更对他们提供多种保护，满足他们的安全需要（如医药费报销或补助、公费疗养、因公伤残津贴、退休金、抚恤金等），并给他们提供充实与发展自己的机会（如业余进修补助或报销、书报津贴等）。

二、 员工福利对企业的意义

对企业而言，员工福利的战略意义主要表现在以下方面：

1. 吸引优秀员工。优秀员工是组织发展的顶梁柱。以前一直认为组织主要靠高工资来吸引优秀员工，现在许多企业家认识到良好的福利有时比高工资更能吸引优秀员工。

2. 提高员工的士气与干劲。良好的福利使员工无后顾之忧，使员工与组织有共荣辱之感，士气一定会高涨。

3. 提高员工对组织的忠诚度，降低流动率。员工流动率过高必然会使组织的工作受到一定损失，而良好的福利会使许多可能流动的员工打消流动的念头。

4. 激励员工。良好的福利会使员工产生由衷的工作满意感，进而激发员工自愿为组织目标而奋斗的动力。

5. 凝聚员工。组织的凝聚力由许多因素组成，良好的福利是一个重要的因素，因为良好的福利体现了组织的高层管理者以人为本的经营思想。

6. 提高企业的投资回报率。良好的福利一方面可以使员工得到更多的实惠，另一方面用在员工身上的投资会产生更多的回报。

总之，好的合理的员工福利可以起到激励员工的积极性，提升员工的凝聚力，可以提高企业竞争力，同时也可以帮助企业吸引员工，帮助企业保持员工，另外还可以提高企业在员工和其他企业心目中的形象。企业提供高薪是吸引人才的一个重要手段，但良好的福利待遇也是吸引人才和保留人才的一个关键。

目前，大多数的国有企业，其薪资水平与很多私企及外企相比较不具有竞争力，但由于其健全而又丰厚的福利待遇仍然成为大多数人的首选。国有企业的福利待遇以稳定为其特点，各种福利制度都落实到位，而且相当完善，退休后的退休金也不低，加之国民经济近年来保持高速稳定增长，公务员和国企的铁饭碗可是越敲越响了。相反，一些薪资高而福利很一般的私企，尽管初期靠高薪吸引了一些优秀的人才，但因为福利水平不到位，这些优秀的人才也还是陆续选择了离开。私企的优势在于它灵活的制度，那是它活力的源泉；私企的弊病也在于它灵活的制度，也可说是制度上的不完善，老板的"一言堂"让员工摸不到头脑，不

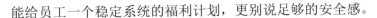

能给员工一个稳定系统的福利计划，更别说足够的安全感。

不合理的或者是不公平的员工福利政策则不但不能起到激励员工和提升企业凝聚力的作用，相反，还有可能起到破坏的作用，造成员工的敬业度和忠诚度下降的情况。例如，给公司高层配车或者给新来的还没有体现业绩的人才配房等等，都可能引起员工的不同的想法从而造成一些不稳定的潜在的因素。

三、 如何提高和完善合理的福利待遇

（一） 国家法定强制性福利的贯彻和实施

一般情况下，公司都能做到国家法定强制性的福利，但还是有很多私企没有按照国家规定执行，特别是在员工法定节假日方面仍然实行每周六天的工作时间。有的民营企业在生产任务紧的时候，甚至每周一天的休息日都没有。尽管在薪资上做了一些补偿，有的甚至没有任何补偿，给员工的印象始终是在剥夺他们的休息时间，这对吸引员工也起到很不利的作用。

根据我实习期间了解企业的实践，在此情况下笔者认为，可以根据公司的实际情况有步骤地进行。即结合企业的生命周期逐步完成。如果是刚成立的公司或者是一家正在成长中的企业，企业高速发展，员工数量不足，这个阶段可以实行淡旺季调节的工作时间，当然这也需要通过当地劳动部门的审核。另外，还可以采取倒休的方法，调节员工的工作时间，使其得到闲暇。如果企业逐步走向成熟，则需要调整工作时间。公司经过几年的发展，已经从成长期开始向成熟期跨越，企业内部管理平台已初步搭建，管理工作也开始从不规范向规范方面转化。同时，这段时间从外部引进了大量的高级人才，这些人才来自不同的地方，在工作之余需要一定的时间处理私人业务，这样员工呼吁要求实行每周工作五天的呼声必定很高，而公司也适时满足员工的需要，先试行大小周制度（一周工作六天，而另一周工作五天），再进行过渡到完全的五天工作制。这样，不仅可以满足员工闲暇的需要，企业的生产效率也不会受到较大的影响。

（二） 企业员工自愿式福利

福利是企业提供给员工的一种额外的工作报酬，其目的是体现企业对员工的

关怀，塑造一种大家庭式的工作氛围。但很多企业在向员工提供福利的过程中却出现了很多问题，如公司提供的福利与员工的需求之间出现脱节、福利成本过高、员工对公司福利待遇不满等。

对于企业自愿性的福利，则完全可以根据企业的经营效益、利润完成等情况有选择地进行，但也不要全部采用，可以逐步实行。同时结合企业发展的情况，在了解员工需求的基础上，或增加新型的福利项目，或者停止不适宜的福利内容。

以下是针对不同的福利根据我个人在企业实习中的实践提出的一些建议：

1．免费工作餐：很多企业包括大多数企业为员工提供免费的工作午餐。或者是举办自己的食堂或者是发放固定的午餐补助。但免费的工作午餐不能起到很大的激励作用，不能使员工感到满意，因为更多的时候员工认为这是应当的事；但是如果一旦取消这一福利或者没有该项福利，根据赫兹伯格的双因素理论，则会造成员工的不满意，他会比较其他企业的这一福利，从而引起不满意。午餐的费用尽管不大，但如果员工没有看到这方面的福利，他会产生较强的不满意心里。所以，只要企业有条件，就应当提供此类福利。

2．如果是企业自行举办的食堂，随着企业规模的不断扩大，员工对食堂的要求会越来越高，不满意的情形也会越来越多，这个阶段尤其要结合内外部环境的变化，注意加强对食堂的权变管理，诸如可以将食堂外包，交给当地具有竞争力的专门的餐饮公司进行经营，将补贴从暗处到明处（据调查，只要有食堂的企业，每月都进行补贴），并公开化，从而达到提升员工满意度的目的。记不清是谁说过这样一句话，能将一个大企业的食堂管理好的人，那他就能做企业总经理。尽管这句话不一定准确，但也道出了一个企业在经营食堂工作时的难处。

3．提供交通服务或交通补贴：出于城市规划和环境保护以及企业节约成本等方面的原因，许多企业将厂址选在城郊。因此大多数企业会为员工提供交通服务或交通补贴这一福利。从成本的因素考虑，为集中住在某几处的员工提供交通服务，使员工感到便利，可以提升员工的工作效率，降低企业的成本，当然这是在人数较多且较为集中的情况下。在呼和浩特市许多企业都做到了这一点。若企业员工人数不多，则可采用现金补贴的形式或为员工办理公交月票，但这样一来，这种福利会产生和免费工作餐相似的作用。

同样，对于交通补贴也存在这样的问题。企业规模的扩大，员工数量的增多造成公司的交通工具不能满足一些员工的需要，从而引起员工的不满意。这种情形也可将由企业内部提供交通工具变为交由社会处理，引进外部交通工具，并在员工补贴方面加大力度，从而将此类福利社会化。在许多大公司中，员工人数较多，在工作餐和交通服务方面经历了自行处理到完全社会化的过程，起到了较好的效果。

4．住房福利：由于为员工提供住房福利已成为吸引和挽留员工的重要方法，因此，提供住房福利已经成为各企业普遍采用的福利趋势。但对中小企业尤其是刚起步的企业来说，住房福利的实施难度是相当大的。这类企业可以选择为员工提供临时宿舍，以解决员工的住宿问题。提供住房福利的形式主要为现金津贴、房屋贷款、个人储蓄计划、利息补助计划和提供公司公寓、宿舍等。

大多数的企业目前采用的形式仍然是现金津贴的方法，即每月提供数量不等的现金。但这种形式是否需要分等级进行，仍需要考量其公平性。即是否级别高的人应该享受更多的现金补贴，而级别低的人则享受较少甚至没有这方面的福利。

目前国内的很多民营企业在住房福利方面，采用的是严格的等级制度。根据组织理论中的权变理论，职权不应该固化，而需要定时的进行调整。可见采用分级方式实行住房福利，其带来的整个组织的影响需要考虑。一方面，公司已经在薪资和奖金甚至股票期权等方面使级别高的员工与级别低的员工拉开了很大的差距。另一方面，大多数的企业，在员工晋升通道上只要一条路可走，即终点是管理职位，这种福利方式在引导员工向专业化方向发展也会产生不利影响。

随着国内房地产的市场化以及其不断攀升的价格，目前一些效益好的企业，开始朝住房贷款方面为员工创造福利。上海贝尔有限公司的员工队伍年龄普遍年轻化，大部分员工正值成家立业之年，购房置业成为他们的迫切需要。在上海房价昂贵的情况下，上海贝尔及时推出了无息购房贷款的福利项目，而且在员工工作满规定期限后，此项贷款可以减半偿还。这一做法既为年轻员工解了燃眉之急，也使为企业服务多年的员工得到回报，这也加深了员工和企业之间长期的情感契约。

5．补充养老福利：为员工提供补充养老计划是企业的主要福利，这个趋势一方面符合社保的需要，此外，也是吸引人才的主要方式之一，此计划可以为员工提供合理的退休福利保障。在缴费问题上，主要由公司承担缴费，员工不承担费用。部分企业设立此项福利也是从员工个人所得税的角度考虑。

6. 带薪假期：我国《劳动法》第 45 条规定："国家实行带薪休假制度，劳动者连续工作一年以上的，享受带薪年休假。"带薪休假是企业员工享受的国家法定福利项目，一般每年都有一周以上的假期，随着员工为企业服务年限的增加，企业将自行延长假期。但也有很多民营企业没有实行带薪假期的规定。这也和企业自身的发展周期有关系，一般情形，在企业进入成熟期阶段，可以考虑该项福利，从而缓解内部工作量不饱和的状况。

7. 卫生设施及医疗保健：一些企业提供免费或者是低费的医疗卫生服务。建立一般性的卫生设施和提供简便的医疗保健，无论何时都是需要的。小病可以通过公司的医疗设施处理，大病则通过医疗保险解决。

8. 文娱体育设施：在一个蓬勃发展的年轻化的企业，这类福利的提供可以极大丰富员工的业余生活，提高员工的心理健康，从而提升企业的工作效率。当然如果企业员工数量较多，也可以通过成立相应的此类委员会有效组织员工的各项活动；或者是借助社会的比较发达的文娱体育设施，通过委员会进行讨价，让员工以低于市场价的价格享受这类服务。这对于员工来说也是一种福利。目前在深圳的大多数民营企业正是走的这条路。

9. 教育福利：对员工提供教育方面的资助，为员工支付部分或全部与正规教育课程和学位申请有关的费用、非岗位培训或其他短训，甚至包括书本费和实验室材料使用费。例如香港九龙香格里拉酒店集团为公司员工提供免费的培训和学习机会。当然此类福利的开放也有风险，即员工学成后离开公司从而给公司造成损失。但是，在九龙香格里拉酒店确是员工离职最少的企业。所以，签订好相应的合同则是实行这类福利的关键。

通过提高公司员工福利体现企业的人情化关怀，有利于凝聚人心，增强员工的归属感，激发员工奋发有为的动力和活力。尽管提供各种各样的福利同样需要花费企业的部分利润，是货币的转化形式，但给员工的感觉完全不一样。这样的企业更富有人情味和温暖感，让人感到企业最贴心的关怀和帮助，因而心情舒畅，

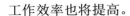

工作效率也将提高。

高薪虽然可以对吸引人才产生快速的冲击力，但是却带有很强的金钱雇佣关系。对于真正的、长期留住员工的心却不一定奏效。因为其他的企业同样可以用比你更高的薪水把你的人才挖走，也就是说，高薪在吸引人才、留住人才、激励人才方面并不具有持久的优势。要想使企业拥有吸引、留住、激励人才的核心竞争力就必须创造别的企业不可能模仿的薪酬体系。在共同利益和共同目标的感召和驱动下，使员工的主动性、积极性和创造性得到发挥，向心力得到增强。提高公司福利，是以温情脉脉的方式"套牢"员工，公司从员工那里得到的无疑是丰厚的回报。

第八章 员工关系管理

第一节 员工关系管理的含义

一、 员工关系管理概述

（一） 员工关系与员工关系管理

1. 员工关系

"员工关系"一词源自西方人力资源管理体系。在西方，最初由于劳资矛盾激烈、对抗严重，给企业正常发展带来了不稳定因素。在劳资双方的力量博弈中，管理方逐渐认识到缓和劳资冲突、让员工参与企业经营的正面作用。随着管理理论的发展，人们对人性本质认识的不断进步，以及国家劳动法律体系的完善，企业开始越来越注重加强内部沟通，改善员工关系。

员工关系是组织中由于雇佣行为而产生的关系，是人力资源管理的一个特定领域。员工关系具有两层含义，一是从法律层面双方因为签订雇佣契约而产生的权利义务关系，亦即彼此之间的法律关系；另一方面是社会层面双方彼此间的人际、情感甚至道义等关系，亦即双方权利义务不成文的传统、习惯及默契等伦理关系。

员工关系与劳动关系、劳资关系的联系：员工关系又称雇员关系，与劳动关系、劳资关系相近，它以研究与雇佣行为管理有关的问题为特殊现象。员工关系强调以员工为主体和出发点的企业内部关系，注重个体层次上的关系和交流，是

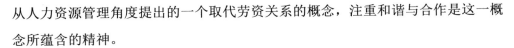

从人力资源管理角度提出的一个取代劳资关系的概念，注重和谐与合作是这一概念所蕴含的精神。

2．员工关系管理

从广义上讲，员工关系管理（Employee Relations Management，ERM）是在企业人力资源体系中，各级管理人员和人力资源职能管理人员，通过拟订和实施各项人力资源政策和管理行为，以及其他的管理沟通手段调节企业和员工、员工与员工之间的相互联系和影响，从而实现组织的目标并确保为员工、社会增值。

从狭义上讲，员工关系管理就是企业和员工的沟通管理，这种沟通更多采用柔性的、激励性的、非强制的手段，从而提高员工满意度，支持组织其他管理目标的实现。其主要职责是：协调员工与管理者、员工与员工之间的关系，引导建立积极向上的工作环境。员工关系管理是企业设置较晚，功能相对不统一的人力资源管理职能模块，尽管它包含的工作最琐碎且不易呈现价值，但却是构建组织人力资源框架的重要组成部分。

（二）员工关系管理的现状

目前大多数企业对员工关系的理解还停留在劳动关系管理的初级阶段，职能范围有限，相关从业人员专业技能有限等等。

1．目前中国企业对员工关系管理认知不足，大部分企业没有设置独立的员工关系管理岗位，或即使有，也没有能够充分履行员工关系管理的职能。大部分企业的员工关系管理仅局限在劳动关系（劳动合同）管理和简单的企业文化活动方面。

2．员工关系管理人员专业技能有限。绝大多数从业者的知识和经验均不全面或相对较弱，而有关劳动法规、沟通、员工活动等领域的知识和技能成为从业者亟待提升的核心能力。

3．多数企业在营造"赞赏/激励"的企业文化氛围方面较弱，旅游成为企业非货币激励的主要手段。据调查显示：

（1）77%的企业设有专门的员工激励计划，但从企业设置的奖励、评选项目来看，对职能管理部门的激励计划有待加强。

（2）虽然激励的及时性非常重要，但从目前企业的操作实践来看，超过一半的企业（50.65%），将激励项目的实施，即颁奖都放在年底的年度表彰大会上，而根据情况，随时随地的激励只占24.68%。同时，企业在营造赞赏/激励的企业文化氛围方面还比较弱，深入贯彻的仅占10%，大力提倡的只有17%，明确提出的为29%。

（3）56%的企业组织过奖励旅游，但多数企业的奖励旅游更注重旅游，而非奖励。大多数企业为员工安排普惠型员工旅游。

（4）员工关怀更偏重物质关怀，项目分散，但年度健康体检被普遍采用。

调查结果显示，目前企业为员工提供的服务项目比较分散，年度体检的选择比例达到27%，排名靠前的机会都聚焦在物质关怀层面，而精神的关怀层面，比如压力冲突化解、员工帮助热线以及婚姻家庭关系等采用率较低。另外，只有22%的企业针对高层人员设置有特殊的关怀计划。针对副总裁以上级别人员的关怀计划集中在配车/配专职司机（47.83%）、服务式公寓（17.39%）和俱乐部会员待遇（13.04%）。

（5）在长期激励方面，企业手段有限，股票长期激励利用不够。

总的来说，企业福利主要体现在企业班车和工作餐等两方面。数据显示，有24%的企业提供班车，59%的企业提供工作餐，多数企业（61.33%）只提供政府规定的住房福利（住房公积金）。

企业对股票长期激励的利用不够，只有29%的企业推行了持股计划，且在有持股计划的公司中，38%为员工持股，62%为股票期权。

二、 员工关系管理的误区与原则

（一） 误区

1. 缺乏共同的愿景，导致员工关系管理的起点不清晰。

企业共同愿景首先必须是企业利益相关者的共同追求，由此，员工关系管理的起点是让员工认同企业的愿景。没有共同的愿景，缺乏共同的信念，就没有利益相关的前提。据估计，中国年度营业收入规模在2亿以上的企业存在清晰战略愿景的不到20%。很多企业也提出了远大的目标，但是目标的制定缺乏员工的参与，目标的宣贯远远不够，对于愿景的不认同也就在所难免。

2．缺乏完善的激励约束机制，导致员工关系管理根本的缺失。

员工关系管理的根本是内部公平，调查显示，员工离职的第一原因不是薪酬水平低，而是员工内部的不公平感。内部不公平体现在激励、职业发展、授权等方面。从程序看，过程的不公平比结果的不公平更加突出。所以如何完善激励约束机制，建立科学合理的薪酬制度和晋升机制成为员工关系管理的根本。

3．员工关系管理的主体不清晰，直线经理作为员工关系管理的首要责任人的理念没有得到广泛确认。

在企业员工关系管理系统中，职能部门负责人和人力资源部门处于连接企业和员工的中心环节。人力资源部是公司员工关系管理的组织部门，广大的直线经理是员工关系管理的首要负责人，他们相互支持和配合，从而保证企业目标的实现。企业内部员工关系或者人力资源管理的最大责任者是董事长或者总经理，但是这一观点在很多企业得不到确认，导致企业员工关系管理水平和效果得不到有效的体现。

4．员工需求的实现程度不高，作为员工关系管理核心的心理契约总体失效。

目前企业对于合同、协议等契约比较重视，却普遍忽视了心理契约，企业没有清楚地了解每个员工的需求和发展愿望，并尽量予以满足；也没有对员工的需求进行适当的引导，导致员工需求期望的实现程度不高；老板和员工心理定位差距较大，双方的满意度都较低。

（二）原则

1．员工关系管理的起点是让员工认同企业的愿景。

企业所有利益相关者的利益都是通过企业共同愿景的实现来达成的。因此，员工关系管理的起点是让员工认同企业的愿景。没有共同的愿景，缺乏共同的信念，就没有利益相关的前提。但凡优秀的企业，都是通过确立共同的愿景，整合各类资源，当然包括人力资源，牵引整个组织不断发展和壮大，牵引成员通过组织目标的实现，实现个体的目标。

2．完善激励约束机制是员工关系管理的根本。

企业的生存与发展是多种利益相关者共赢的结果。因此，建立企业与员工同生存、共发展的命运共同体，是处理员工关系的根本出发点。如何完善激励约束机制，建立科学合理的薪酬制度包括晋升机制等，合理利用利益关系就成了员工关系管理的根本。

3．职能部门负责人和人力资源部门是员工关系管理的首要责任人。

在企业员工关系管理系统中，职能部门负责人和人力资源部门处于连接企业和员工的中心环节。他们相互支持和配合，通过各种方式，一方面协调企业利益和员工需求之间的矛盾，提高组织的活力和产出效率；另一方面他们通过协调员工之间的关系，提高组织的凝聚力，从而保证企业目标的实现。因此，职能部门负责人和人力资源部门是员工关系管理的关键，是实施员工关系管理的首要责任人，他们的工作方式和效果，是企业员工关系管理水平和效果的直接体现。

4．心理契约是员工关系管理的核心部分。

20 世纪 70 年代，美国心理学家施恩提出了心理契约的概念。虽然心理契约不是有形的，但却发挥着有形契约的作用。企业清楚地了解每个员工的需求和发展愿望，并尽量予以满足；而员工也为企业的发展全力奉献，因为他们相信企业能满足他们的需求与愿望。

三、 我国企业员工关系管理的现状

员工关系管理已成为现代企业必须面对的一个课题，在这竞争压力不断上升的时代，企业的发展已经完全离不开员工的参与，其竞争优势的获取关键在于员工的管理。如何管理员工以获得最大的效益成为管理者的核心工作目标，而现代的员工关系管理就是为了企业在竞争中赢得胜利而存在的。

（一） 初级阶段，形式化严重

员工关系管理虽然已经得到企业的重视，但在我国仍处于初级阶段，需要得到不断的完善。如何健康发展员工关系是每一个企业所关注的，在学习的过程中却存在着只注重形式化的问题。许多企业认识到了员工关系管理的重要性，但却不知如何去正确积极的管理，所实行的规章制度大部分都只是书面文字，并没有落实到实际操作中去，企业文化的建设粗糙化，仅仅是为了做表面文章而设立的，

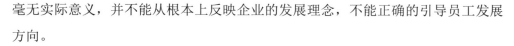

毫无实际意义，并不能从根本上反映企业的发展理念，不能正确的引导员工发展方向。

（二） 缺少专门的管理岗位，制度建设不规范

由于我国管理者对于员工关系管理的认知缺陷，大部分的企业并没有充分的重视起它的建设，并没有设立独立的部门、岗位进行专业化的管理，仅仅是在人力资源管理部门提供了一个象征性的岗位，实际作用并不突出，不能实行专业化的管理。同时，企业管理的机制建设也严重缺失，从企业的员工招聘、岗前培训、岗上培训与管理、薪酬制度和晋升机制、激励沟通建设到员工离职都没有形成比较系统的规范化的管理体制，使得员工管理混乱，工作效率低下，无法实现企业效益的最大化。

（三） 重文凭轻能力，专业人才短缺

时代在发展，人的思想观念也要与时俱进，但仍有一些根深蒂固的陈旧观念影响到某些企业管理者的管理理念，像文凭就作为判断一个人能力高低的根本因素。管理者普遍认为：提高员工的素质关键在于文化素质，学历决定一切，却忽视了员工工作能力的全面提高。德智体美劳全面提高才是一个员工的基本提升，仅仅注重文化方面的学习会极大地降低员工的工作积极性，无法全面的完善自身。同时，由于员工关系管理处于发展阶段，企业员工关系管理的管理者大部分并不是专业的人才，仅仅是人力资源领域其他方面的学习者，企业严重缺乏专业领域的人才，因此企业员工关系管理严重缺乏专业化、规范化，无法真正做到正规的完美的员工管理。

（四） 非正式关系管理不善

企业的发展需要处理好内部关系与外部关系，而内部关系不仅仅是正式的员工之间、员工与企业之间的关系，其中还存在着非常重要的非正式关系，并不受企业规章制度的约束。积极的非正式关系会促进企业的发展，保证员工之间良好的交际，互相学习、互相带动。而消极的非正式关系则会极大地阻碍企业的发展。员工关系管理包含了正式与非正式的员工关系的管理。而目前我国许多企业都忽视了对于非正式员工关系的管理，相关的规章制度严重缺乏。其中非正式关系中的帮派现象最为严重，其规范管理的难度也比较大，帮派一般以亲友为基础，在

一个共同的生活圈，互相照应，其共同的价值观和利益圈不允许外人插手甚至于企业的管理者，从而形成一种影响力，处理不好就会成为企业发展的顽固阻力。帮派现象是目前很多企业普遍存在的较难处理的员工关系管理问题，主要是由于招聘与培训及日常管理过程中的不重视引起的。

（五） 工会边缘化

在我国企业中，劳动者权益遭到侵犯的事件经常发生，罢工、抗议，甚至于自杀等事故不断。这充分体现了员工管理方面存在着根本性缺失的问题。而工会作为保障员工权益的重要组织机构并没有充分地发挥其积极作用，相反其作用越来越小，地位趋向于边缘化，使员工的合法权益得不到有效的保障。其原因有许多，员工对于寻求工会保护的意识缺乏及能力的不足、国家对于工会强化建设的缺失、工会本身建设的懒散，没有劳动执法权、工会在企业中地位的低下等一系列的原因使得工会越来越偏离员工的生活轨道，无法真正发挥工会最初设立的作用，使之形同虚设，浪费资源。

第二节　　员工关系管理的目的与作用

一、 员工关系管理的目的

员工关系在不同时期、不同的企业有其不同的特点，但劳资双方在利益上的对立与统一关系是永恒存在的。因此，员工关系管理的目的就是，提高员工满意度、忠诚度和敬业度，进而提高企业生产率，维持企业的竞争优势，使企业在竞争中获胜。许多企业在公司发展状况良好、员工队伍比较稳定时，根本就不会想到还要做什么员工关系管理工作，等到发现下属员工积怨较多，甚至纷纷离职的时候，才想起平时怎么没有重视员工关系管理工作。

二、 员工关系管理的作用

建立和谐的员工关系，是企业文化建设的重要方面，也是良好企业形象的重要方面。良好的员工关系管理能够极大地增强企业的竞争优势。员工关系管理在企业中起到很重要的作用，很多大企业都要设立员工关系经理或员工关系专员，比如 IBM、雅芳、宝洁等名企分别都设有自己的员工关系经理，专门负责做好员工关系的管理工作。伴随着全球经济发展和市场竞争力的加强，员工关系管理已经引起了现代企业的极大关注。如何建立起良好员工关系成为企业发展的重中之重。针对目前企业中员工关系管理现状及存在的问题和如何去做，本书进行了总的理论上的分析，而实践的运用也是非常重要的，不同企业应根据自己的实际情况进行不同的管理，切记照搬，缺乏适应性。同时我们也应该了解我们的员工关系管理仍处于初级阶段，发展不完善，我们应该尽快建立健全员工关系管理体制，实现专业化、系统化、规范化的操作管理，最终取得员工满意和企业满意双赢的胜利。

三、 国内外员工关系管理理论研究

（一） 国外员工关系理论的历史演变

西方员工关系（劳动关系）管理理论经过一百多年的发展，由原则到具体、由重物质激励到重精神激励、由强调制度作用到强调文化价值，形成了一个体系较为完整的理论大厦，对我国企业和谐员工关系的形成具有重要借鉴意义。泰勒发展了科学管理原理，提出"经济人"假设和"胡萝卜加大棒"员工管理方法，并首次正式提出组织与员工是利益共同体。巴纳德强调企业与员工目标的共同性，相互间的协作性，协作的前提是企业和员工双方都必须为共同的目标付出努力，两者的协作建立在个人的贡献与企业所给的诱因相对等的基础上。20 世纪 20 年代末至 30 年代初，世界经济陷入空前的大萧条中。运用科学管理已不能解决此起彼伏的劳资纠纷和罢工，行为科学理论随之出现。这些理论从挖掘人的潜能、激发人的动机、重视人的多层次需要、强调"内在激励"和"外在激励"、公平的激励作用以及士气和凝聚力的调动等方面探讨协调员工关系、调动员工积极性的方法与措施，开辟了员工关系管理的新领域。其中具有代表性的是 X—Y 理论、双

因素理论、期望理论和公平理论等。针对 20 世纪 50 年代以来日本经济的飞速发展，以威廉·大内为代表的管理学家通过对日本企业的深入考察，将其处理员工关系的理论进行了总结，归纳为 Z 理论，强调企业和员工是相互忠诚的利益共同体，即企业文化管理理论，并迅速风靡于世界。以舒尔茨（Schultz）为代表的早期人力资本理论认为，人是一种能带来剩余价值的资本，由此引出企业与员工要建立长期的合作关系，企业必须把人作为资本，对其进行维护。在以上不同管理思想基础上，总结形成了不同的员工关系管理模式：

1．交换理论

交换理论（Barnard，1938；March，Simon，1958；Tsui.et.al，1997，2002）：认为企业与员工之间的各种相互作用，从根本上说是一种交换关系所决定的交换过程。当企业提供的工资等于或大于员工为企业做出的贡献时，员工就会感到满意；只有当员工的贡献与企业提供的工资相等时，企业才有偿付能力。因此，企业根据交换理论，利用各种可控因素来影响外部市场的不可控因素，从而形成了基于外部营销的管理模式。

2．劳动力治理理论

劳动力治理理论：提出内部营销的人力资源管理理念，即在人力资源管理中引入营销观念，把员工视为内部顾客，研究员工的需求，进而满足员工的需求，最终使员工感到满意。基于内部营销的管理模式从需求角度对企业与员工的关系进行了重新认识，体现了平等互惠的思想。

3．人力资源管理理论以及心理契约理论

人力资源管理理论以及心理契约理论：企业和员工的关系是伙伴关系模式以及超越伙伴关系模式，即是长期双向合作关系，必须彼此信任，形成一种互相依存、互相支持、互惠互利的依赖关系。

（二） 国内员工关系管理理论研究

从中国历史上看，中国早期的法家、儒家等古代以及近代关于"人性"的理论思想中渗透着不同的员工关系管理理论的精髓。法家思想家荀子提出的"性恶论"，类似于西方的"经济人"假设。儒家孟子的哲学思想是"性善论"，与西方的"社会人"假设非常相近，也是"以人为本"员工管理的理论基础。春秋战国时期的思想家告子提出了"性无善恶论",与西方的"复杂人"假设相似。近代著名的思想家梁启超,提出的"个性中心论",倡导"尽性主义",主张将人的天赋良能尽兴发挥,与西方的"自我实现人"假设有诸多相似之处。近年来,国内学者从以下角度讨论了员工关系管理:

1. 从内容角度说明

程延园提出,广义上的员工关系管理是在企业整个人力资源体系中,各级管理人员和人力资源管理人员,通过拟订和实施各项人力资源政策和管理行为,调节企业与员工、员工与员工之间的相互联系和影响,从而实现组织目标。狭义的员工关系管理就是企业和员工的沟通管理,这种沟通更多采用柔性的、激励性的、非强制的手段,从而提高员工满意度,支持组织目标实现。持同样观点的还有孟华兴,淑妮、李建设、李慧、巩倩倩。员工关系管理的内容涉及了整个企业文化和人力资源管理体系的构建,所有涉及企业与员工、员工与员工之间的联系和影响的方面,都是员工关系管理体系的内容。

2. 从目的角度理解

张丽梅认为,员工关系管理是一种改善企业和员工关系、员工间关系的新型管理机制,目的是通过提高员工满意度,优化人力资源管理,促进企业利益的最大化。此外,朱瑜认为,EMR 是管理实践与信息技术变革的融合,围绕"人力资本"设计和管理,为企业的战略、组织和信息系统提供一个人性化的解决方案,其目的也是提高满意度和效率提高。

3. 从过程角度理解

员工关系管理可以理解为一个过程,在这个过程中,企业通过建立一个完整的员工关系管理体系,并将"以人为本"的观念贯彻到这个体系的运作当中,从而实现员工与企业、员工与员工之间关系的协调,引导建立积极向上的工作环境。持同样观点的还有朱瑜,从客观角度说,EMR 就是人力资源管理业务的一项基本管理职能。它是以满足员工和企业双方需求、提高企业生产力、提升员工工作质量,并使劳资双方彼此取得经济效益为目的的一种管理过程。

4. 从文化角度理解

肖葵,陶淑兰认为,员工关系的管理,在于谋求员工与企业的协作和员工之间的团结，从而增强企业的内聚力和竞争力，更有效地为企业塑造良好的形象，并提出在跨文化的员工关系管理中，企业必须高度重视文化差异，在相互尊重、理解的基础上，进行文化整合，满足员工的基本需要，努力营造内求团结的企业文化氛围，以期更好地实现企业的目标。员工关系管理虽然表面上看是人力资源的管理问题，但是员工的关系管理得如何，人心经营得好坏，也体现了企业管理者对自身企业文化的把握和定位，关系到一个企业经营的成败。

（三） 员工关系管理系统的内容

综合以上研究，从广义的员工关系概念上看，员工关系管理的内容涉及了整个企业文化和人力资源管理体系的构建。从企业目标和价值体系确立，内部沟通渠道的建设和应用，组织的设计和调整，人力资源政策的制定和实施等等，所有涉及企业与员工、员工与员工之间的联系和影响的方面，都是员工关系管理体系的内容。而本文则采用狭义概念，视员工关系管理为"无形服务"，并以此展开研究。这种服务系统的重点主要是人际关系管理，主要包括劳动关系管理、沟通与交流、员工参与管理、员工信息管理和企业文化建设。

第三节   员工关系管理的内容与方法

一、 员工关系管理的分类阐述

就在全面关系管理在全球广泛流行的时候，作为企业，无不希望通过提高客户和员工的满意度，来增强对企业的忠诚度，从而提高对企业的贡献度。因此，对外实行客户关系管理（CRM），对内实行员工关系管理（ERM）就成为必然。但员工关系管理管什么，对此的认识并不清晰，甚至存在一定的误区。

其实，员工关系管理贯穿于人力资源管理的方方面面，从把员工招进来的第一天起，员工关系管理工作就开始了。而且员工关系不能外包，因为做好员工关系管理，必须对企业文化、员工特性、企业面临的环境要有清楚的了解。

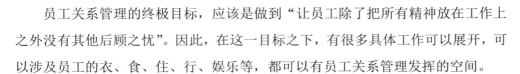

员工关系管理的终极目标，应该是做到"让员工除了把所有精神放在工作上之外没有其他后顾之忧"。因此，在这一目标之下，有很多具体工作可以展开，可以涉及员工的衣、食、住、行、娱乐等，都可以有员工关系管理发挥的空间。

（一）劳动关系管理

1.员工入职管理

员工入职管理即为新员工入职时员工关系专员对新员工的一系列的入职手续办理，此部分可制定专门的《员工入职管理办法》来指导入职管理的工作，其主要内容包括：

表 8-1　员工入职管理办法

时 段	工作内容
入职前	新员工入职手续办理所需表单、办公设备、办公用品等的准备； 通知新员工所属部门准备报到事宜：准备新员工的座位，确定新员工的职责，指定新员工的导师、拟定岗前业务技能培训计划； 通知人力资源部培训专员准备新员工的岗前教育培训计划。
入职中	新员工接待及《新员工入职登记表》的填写，档案收集及验证； 根据《新员工入职流转单》引领新员工到部门报到，将其介绍给部门负责人；部门负责人指定本部门人员带领新员工熟悉公司内外环境及公司各部门，介绍部门情况、部门人员。 办公用品、办公设备的领用及 OA 办公系统等账号的申请； 入职沟通。
入职后	《劳动合同》及其他公司补充协议的签订及核对、社保缴纳； 根据《新员工入职培训管理办法》与《新员工试用期考核管理办法》开展新员工的入职培训和试用期考核。

2.员工离职管理

（1）离职类别

①辞职：是指在任职期间内，由员工提出提前终止劳动雇佣关系的行为。

②辞退：是指在任职期间内，员工工作表现、技能等不符合公司要求或严重违反劳动纪律，或因劳动合同无法继续履行等情况，公司决定提前终止与员工劳动雇佣关系的行为。

③自动离职（自离）：是指在合同期内，员工未经公司批准而擅自离开工作岗位的行为，根据公司《员工手册》中的规定，非因不可抗力当月连续或累计旷工3 天及以上，年度累计旷工 4 天及以上，即视为自动离职。

④合同期满（不再续签劳动合同）：

A.公司提出不再续签劳动合同：是指合同期满，公司根据情况不再与员工续签劳动合同，并提前 30 天书面通知员工的行为。

B.员工提出不再续签劳动合同：是指合同期满，员工不愿与公司续签劳动合同，并提前 30 天书面通知公司的行为。

（2）离职办理

无论是上述哪一种类别的离职情况，一般均要按照以下程序办理，具体可通过制定《离职管理办法》来撰写详细的指导说明。

离职申请　　离职审批　　离职谈话　　离职交接　　离职结算　　劳动关系解除

图 8-1　离职流程

（3）辞退员工的程序

试用期员工一般采用劝退（劝其辞职）的方式处理，这样可以让其职业履历上不至于留下辞退的痕迹，有利于其未来职业的发展。

已经转正的员工，则要严格按照下面的程序给予办理。当企业需要大规模辞退员工的时候，可能会辞退一些优秀员工，也可能会辞退一些在正常工作情况下表现不太好、绩效不佳的员工，在这些情况下一般要遵守同样的辞退员工的程序：

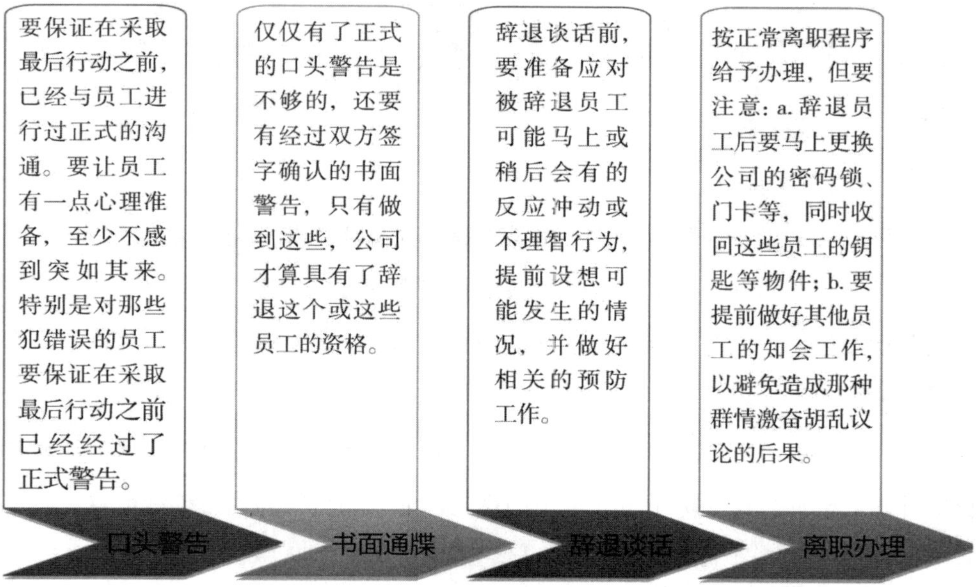

要保证在采取最后行动之前，已经与员工进行过正式的沟通。要让员工有一点心理准备，至少不感到突如其来。特别是对那些犯错误的员工要保证在采取最后行动之前已经经过了正式警告。	仅仅有了正式的口头警告是不够的，还要有经过双方签字确认的书面警告，只有做到这些，公司才算具有了辞退这个或这些员工的资格。	辞退谈话前，要准备应对被辞退员工可能马上或稍后会有的反应冲动或不理智行为，提前设想可能发生的情况，并做好相关的预防工作。	按正常离职程序给予办理，但要注意：a.辞退员工后要马上更换公司的密码锁、门卡等，同时收回这些员工的钥匙等物件；b.要提前做好其他员工的知会工作，以避免造成那种群情激奋胡乱议论的后果。
口头警告	书面通牒	辞退谈话	离职办理

图 8-2　辞退程序

（4）善待离职员工

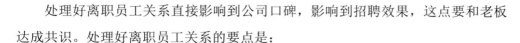

处理好离职员工关系直接影响到公司口碑，影响到招聘效果，这点要和老板达成共识。处理好离职员工关系的要点是：

①合法补偿，不要让员工走的时候因为钱恨公司；

②组织欢送会，温暖员工心（考虑被辞退员工的感受，辞退员工一般静悄悄处理）；

③服务一定期限的赠送纪念品，比如印上字的水晶杯；

④手续一定快办，特别是与财务有关的。

3．劳动合同管理

劳动合同是劳动者和用人单位之间关于订立、履行、变更、解除或者终止劳动权利义务关系的协议。自 2008 年 1 月 1 日起施行的《劳动合同法》是我国第一部较完整的调整劳动合同关系的法律。劳动合同管理的主要要点是：

加强员工关系专员对《劳动合同法》的学习，减少人员操作引发的争议；

制定《劳动合同管理办法》对劳动合同的具体管理给予详细的指导；

建立劳动合同发放后的收签表格让员及时签收；

严格按照《劳动合同法》的要求及时新签或续签劳动合同。

4．人事档案管理

为了规范公司人事档案的管理工作，提高人事档案的管理水平，保守人事档案的机密，维护人事档案材料的完整，便于高效、有序地利用人事档案材料，同时规避可能存在的劳动用工风险，我们一般需要制定《人事档案管理办法》来指导具体的人事档案管理工作。人事档案主要包括人员入职时基本资料、在职期间资料、离职资料三大部分及其他资料，具体内容可在管理办法中进一步明确。

5．员工信息管理

员工信息管理对企业很重要，它既是企业的"信息情报部"，又是企业的"决策参谋部"。因此，企业一定要做好信息管理工作。所谓员工信息管理是指利用一系列的软件，例如人力资源管理软件或者自设的一个表格等等，尽量把员工的所有信息全部记录管理。

这些信息包括员工的出生年月、已婚未婚等基本信息，也含有员工技能等重要信息。这种信息管理还要注意时时根据员工的发展进行第一时间的内容更新。

比如，当员工受训回来，就要马上把他新增添的技能放入信息管理表格中。信息管理正是在这个意义上体现出"信息情报部"的特点。

"信息情报部"最终要服务于"决策参谋部"。当企业出现职位空缺想通过内部调整、内部提升的时候，信息库的作用就显现出来了。了解员工的技能、了解员工参加培训的情况及其是否有转岗的意愿等情况，能够迅速找到内部的合适人选，这样可以节省向外招聘的猎头费、招聘费、广告费，这正是员工信息管理的真正目的。

6．劳务争议处理

劳务争议，也称劳资争议，是指劳资关系当事人之间因为对薪酬、工作时间、福利、解雇及其他待遇等工作条件的主张不一致而产生的纠纷。

（1）目前我国劳动争议现状

劳动争议案件数高速增长；

其他性质企业劳动争议案件数量明显超过国有企业劳动争议案件；

劳动者的申诉率高，胜诉率也高；

经济发达地区的劳动争议案件大大多于经济发展滞后的地区；

劳动争议案件处理中，依法裁决的比重进一步加大。

（2）劳动争议的原因

表 8-2　劳动争议的处理

劳动争议的原因	宏观原因		劳动关系主体双方的具体经济利益差异性更加明显； 劳动立法及劳动法规的制定滞后且不配套； 人们的法制观念淡薄； 过去劳动关系中长期遗留问题的显性化。
	微观原因	企业层次	企业内部劳动规章制度不合理、不健全或不依合理程序制定； 企业法制观念淡薄，人力资源管理人员缺少在劳动争议管理方面的专业训练； 企业改制和一些企业经营困难导致劳动争议的产生； 一些企业知法犯法造成劳动争议。
		个人层次	贪图私利，钻企业政策空子的心理； 法制观念淡薄； 习惯观念制约。

（3）劳动争议的主要类型

①因确认劳动关系发生的争议；

②因订立、履行、变更、解除和终止劳动合同发生的争议；

③因除名、辞退和辞职、自动离职发生的争议；

④因工作时间、休息休假、社会保险、福利、培训以及劳动保护发生的争议；

⑤因劳动报酬、工伤医疗费、经济补偿或者赔偿金等发生的争议；

⑥法律、法规规定的其他劳动争议。

（4）劳动争议的处理程序

《劳动法》规定："用人单位与劳动者发生劳动争议，当事人可以依法申请调解、仲裁、提起诉讼，也可以协商解决。"

我国将劳动争议的处理程序分为调解、仲裁和诉讼三个阶段。与此相应的机构是：用人单位设立的劳动争议调解委员会、劳动争议仲裁委员会，以及人民法院。

（5）劳动争议处理基本原则

①调解（第三方介入）、协商（当人事双方）和及时处理原则；

②在查清事实的基础上，依法处理原则，即合法原则；

③当事人在适用法律上一律平等原则，即公平公正原则；

④劳动争议以预防为主。

（二） 员工纪律管理

员工关系管理的一个重要的相关职能是员工的纪律管理，所谓纪律管理，是指维持组织内部良好秩序的过程，也即凭借奖励和惩罚措施来纠正、塑造以及强化员工行为的过程；或者说是将组织成员的行为纳入法律的环境，对守法者给予保障，对违法者予以适当惩罚的过程。

1．员工奖惩管理

奖励和惩罚是纪律管理不可缺少的方法。奖励属于积极性的激励诱因，是对员工某项工作成果的肯定，旨在利用员工的向上心、荣誉感，促使其守法守纪，负责尽职，并发挥最高的潜能。奖励可以给员工带来高度的自尊、积极的情绪和满足感。惩罚则是消极的诱因，其目的是利用人的畏惧感，促使其循规蹈矩，不敢实施违法行为。惩罚会使人产生愤恨、恐惧或挫折，除非十分必要，否则不要滥施惩罚。

（1）奖惩的原理——热炉法则

每个公司都有自己的"天条"及规章制度，单位中的任何人触犯了都要受到惩罚。"热炉"法则形象地阐述了惩处原则：

①热炉火红，不用手去摸也知道炉子是热的，是会灼伤人的——警告性原则。领导者要经常对下属进行规章制度教育，以警告或劝诫不要触犯规章制度，否则会受到惩处。

②每当你碰到热炉，肯定会被灼伤——严肃性原则。也就是说只要触犯单位的规章制度，就一定会受到惩处。

③当你碰到热炉时，立即就被灼伤——即时性原则。惩处必须在错误行为发生后立即进行，不拖泥带水，决不能有时间差，以达到及时改正错误行为的目的。

④不管谁碰到热炉，都会被灼伤——公平性原则。

（2）对员工进行奖惩的程序和步骤

①建立奖惩制度，如《员工奖惩管理办法》；

②按照公示等民主程序颁布制度；

③员工学习《员工奖惩管理办法》并签字；

④开始渐进性惩处。

（3）奖惩的限制条件

我国法律规定，以下这三项限制条件缺一不可：

①规章制度的内容合法，即管理制度的内容不能与现行法律法规、社会公德等相背离；

②规章制度要经过民主程序制定，即企业规章制度必须经过职工大会或职工代表大会，或至少是职工代表同意；

③规章制度要向员工公示，即规章制度出台后要公开告知员工。

2．员工冲突管理

什么是冲突？企业组织中的成员在交往中产生意见分歧，出现争论、对抗，导致彼此间关系紧张，称该状态为"冲突"。冲突根源于冲突各方利益追求的多样化且趋向无限大，但社会或组织所能供给的资源却十分有限。所以，冲突是无所不在的。

（1）冲突的消极作用是：

①影响员工的心理健康；

②造成组织内部的不满与不信任；

③导致员工和整个组织变得封闭、缺乏合作；

④阻碍组织目标的实现。

（2）冲突的积极作用是：

①问题的公开讨论；

②提高员工在组织事务中的参与程度；

③增进员工间的沟通与了解；

④化解积怨，促进问题的尽快解决。

（3）冲突处理的职责定位：

那么冲突应该由谁来解决呢？首先，作为冲突双方的责任人，要本着求同存异的原则，尽量化解冲突；当冲突双方不可调和时，由冲突员工上级领导出面。领导者工作内容的一部分就是确保工作团队能够在一起运作良好。HR 应当作为经理在这方面需要帮助时可以向其求助的一个资源。所有各方面都应该完美地相互配合并且保持和平状态。

（4）冲突处理的策略：

表 8-3　冲突处理

策略类型	适用的冲突类型
强制策略	遇紧急情况，必须采取果断行动时； 处理严重违纪行为和事故时。
妥协策略	双方各持己见且势均力敌时，但又不能用其他的方法达成一致时； 形势紧急，需要马上就问题达成一致时； 问题很严重，又不能采取独裁或合作方式解决时。
和解策略	需要维护稳定大局时； 激化矛盾会导致更大的损失时； 做出让步会带来长远利益时。
合作策略	双方有共同的利益，且可以通过改变方法策略满足双方的意愿时；
回避策略	处理无关紧要的问题时； 处理没有可能解决的问题时； 解决问题的损失可能超过收益时。

（三）　员工沟通管理

1. 员工申诉管理

申诉，是指组织成员以口头或书面等正式方式，表现出来的对组织或企业有关事项的不满。

（1）申诉的种类

①个人申诉。多是由于管理方对工人进行惩罚引起的纠纷，通常由个人或工会的代表提出。争议的焦点，是违反了集体协议中规定的个人和团体的权利，如有关资历的规定、工作规则的违反、不合理的工作分类或工资水平等等。

②集体申诉。是为了集体利益而提起的政策性申诉，通常是工会针对管理方（在某些情况下，也可能是管理方针对工会）违反协议条款的行为提出的质疑。

（2）申诉的制度

欧美许多企业，大多都制定有申诉制度（Grievance System），以使员工能够遵循正常途径宣泄其不满情绪，化解内部紧张关系，进而消除劳资争议。组织内员工申诉制度的建立，具有如下意义：

①提供员工依照正式程序，维护其合法权益的通道；

②疏解员工情绪，改善工作气氛；

③审视人力资源管理政策与制度等的合理性；

④防止不同层次的管理权的不当使用。

⑤减轻高层管理者处理员工不满事件的负荷。

⑥提高企业内部自行解决问题的能力，避免外力介入或干预，使问题扩大或恶化。

（3）申诉的范围

一般限于与工作有关的问题。凡是与工作无关的问题，通常应排除在外。一般可以通过申诉制度处理的事项主要有：薪资福利、劳动条件、安全卫生、管理规章与措施、工作分配及调动、奖惩与考核、群体间的互动关系以及其他与工作相关的不满。

（4）申诉的处理程序

处理员工申诉，不管企业内部是否有工会组织，其主要程序可以归为四个阶段：

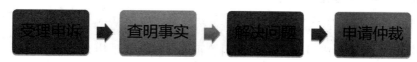

图 8-3　申诉处理程序

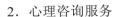

2．心理咨询服务

心理咨询服务就是应用心理学方法，凭借语言，帮助员工解决心理冲突，降低精神压力，促使员工适应社会和健康发展的过程。"心理咨询服务"产生于20世纪40年代，在六七十年代得到大量应用，目前依然是现在企业中最时髦、最流行的一种福利，这项福利的产生来源于日益强烈的竞争压力。

心理咨询服务项目主要有：工作及生活压力、婚姻与家庭、精神健康、法律及财务事宜、人际关系、职业生涯发展、其他个人及工作挑战等。

（1）职业心理健康三级预防模式

初级预防：消除诱发问题的来源。初级预防的目的是减少或消除任何导致职业心理健康问题的因素，并且更重要的是设法建立一个积极的，支持性的和健康的工作环境。

二级预防：教育和培训。教育和培训旨在帮助员工了解职业心理健康的知识、帮助管理者掌握员工心理管理的技术。

三级预防：员工心理咨询。员工心理咨询是指由专业心理咨询人员向员工提供个别、隐私的心理辅导服务，以解决他们的各种心理和行为问题，使他们能够保持较好的心理状态来生活和工作。

（2）员工帮助计划（Employee Assistance Program，EAP）

EAP又称员工帮助项目或员工援助项目，是由组织为员工设置的一套系统的、长期的福利与支持项目。其目的在于透过系统的需求发掘渠道，协助员工解决其生活及工作问题，如：工作适应、感情问题、法律诉讼等，帮助员工排除障碍，提高适应力，最终提升企业生产力。目前世界500强企业中，有80%以上建立了EAP，在美国有将近四分之一的企业员工享受EAP。

3．满意度调查

现代企业管理有一个重要的理念：把员工当"客户"。员工是企业利润的创造者，是企业生产力最重要和最活跃的要素，同时也是企业核心竞争力的首要因素。企业的获利能力主要是由客户忠诚度决定的，客户忠诚度是由客户满意度决定，客户满意度是由所获得的价值大小决定的，而价值大小最终要靠富有工作效率、对公司忠诚的员工来创造，而员工对公司的忠诚取决于其对公司是否满意。所以，欲提高客户满意度，需要先提高员工满意度，前者是流，后者是源。没有员工满意度这个源，客户满意度这个流也就无从谈起。

员工满意度调查（Employee Satisfaction Survey）是一种科学的人力资源管理工具，它通常以问卷调查等形式，收集员工对企业管理各个方面满意程度的信息，然后通过专业、科学的数据统计和分析，真实的反映公司经营管理现状，为企业管理者决策提供客观的参考依据。员工满意度调查还有助于培养员工对企业的认同感、归属感，不断增强员工对企业的向心力和凝聚力。员工满意度调查活动使员工在民主管理的基础上树立以企业为中心的群体意识，从而潜意识地对组织集体产生强大的向心力。

（1）满意度调查内容

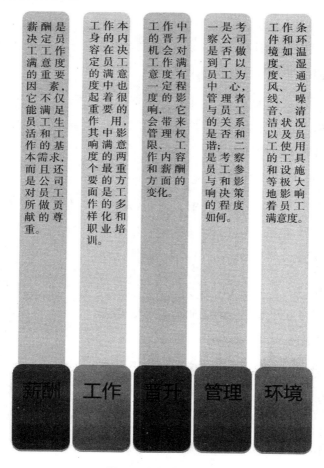

图 8-4 满意度调查内容

企业进行员工满意度调查可以对企业管理进行全面审核，保证企业的工作效率和最佳的经济效益，减少和纠正低生产率、高损耗率、高人员流动率等紧迫问题。员工满意度调查将分别对以下几个方面进行全面评估或针对某个专项进行详尽考察。

（2）满意度调查的实施

员工满意度调查由 HR 在征得领导层支持的前提下，设计调查问卷，于每年的第四季度开展员工满意度调查，然后根据调查结果，形成调查报告，并根据报告的结果给出提升员工满意度的工作建议，与报告一起上报公司领导审阅。如工作建议获准采纳，将于来年实施开展。

（四） 员工活动管理

为了丰富员工的文娱生活，增进员工之间的沟通交流，调动员工工作积极性，缓解工作压力，实现劳逸结合，增强团队凝聚力，体现公司对广大员工关爱。因此，一般公司都要定期举办企业文化活动。活动的内容包括并不仅限于以下项目：体检、拓展、旅游、员工联谊、聚餐、年会以及员工参与性较强的体育活动等。

HR 在员工活动管理中的职责主要是：

1．《员工活动管理办法》的制定及颁布；

2．员工活动的费用预算及发放；

3．公司活动的组织及实施；

4．部门活动的审核及支持。

二、 员工关系管理在运作中存在的问题

企业重视的是企业利润最大化的实现，员工则关心的是自身利益的最大化，因此，两者之间不可避免的就会出现利益关系矛盾，这是企业发展过程中的一般规律。所以，员工关系管理的目的就是协调企业与员工的矛盾冲突，尽可能地满足员工的利益要求，提高员工工作的满意度，进而实现企业利润的最大化。但就目前而言我国企业员工关系管理还在不断的发展过程中，因此还存在着许多问题，主要表现在以下五个方面：

（一）　劳资关系问题不断

员工与企业之间的劳动关系也随着时代的发展不断变化，随着我国《劳动合同法》的颁布实施，劳动者法律意识的提高，企业中的劳动关系得到了很大的完善，但也不可避免地出现了许多问题，比如在劳动合同签订、工资、工时、福利保险、性别歧视、工作环境等方面的劳动争议不断，造成了企业员工人心的不稳定，极大地降低了企业的工作效率。目前，劳动争议复杂多样，而劳动争议大部分却是由于企业不按法律规章制度和正常合同条款处理与员工之间的劳动关系而引起的。辞职、罢工、劳动犯罪甚至自杀每天都会出现在所有传媒头条上成为一大重要的社会问题。企业急需处理好与员工劳动关系，做好员工关系管理的基础工作，为企业的发展打好坚实的堡垒。

（二）　激励沟通机制不健全

IBM 公司总裁华特森曾说过，"企业成功与失败的真正差别经常在于，是否能激发出员工的热情与聪明才智"。在这，其实说的就是能否成功的运用激励。而我国企业目前却激励沟通机制不完善，忽视员工的情绪管理，员工满意度低。许多企业为公平化管理而采取了不公平的方式，严重缺乏激励机制的建设，忽略了少数人的努力而造成集体缺乏竞争意识，减速了企业发展的进度。在管理过程只注重员工的物质关注而忽视了员工精神上的管理，没有及时的照顾到员工情绪的变化，从而降低了员工的工作效率，员工的满意度得不到提高，企业的发展目标也很难实现。而企业内部的沟通网络并没有贯穿每一个员工，对于网络、人际关系网及企业活动宣传等的沟通手段企业管理者并没有真正的使其发挥最大效用，员工与管理者之间的沟通明显缺少。

（三）　企业文化建设不明显

我国的企业文化建设大多停留于形式化的建设，企业员工关系管理中缺乏共同的目标和价值观，即企业文化不明显，导致员工缺乏归属感和凝聚力。每一个企业几乎都具有一套近乎完美的企业文化发展理念及正确价值观念，企业形象塑造的十分完美，但在实际运作中，大部分的发展计划都没有落实到实处，仅仅表面做得漂亮，没有通过建设企业文化来规范员工行为，引导员工树立正确的企业发展理念。企业的发展目标与价值观念对于每一个员工都是极其重要的，是员工前进的照明灯，帮助员工真正认识企业的精神，了解自己未来的发展方向和努力成果，才能给予员工充分的归属感和强大工作动力，从而实现企业最终蓝图。

（四） 员工满意度低

"员工满意度"通俗来说也就是员工对于工作的满意程度。影响员工满意度的因素很多，例如薪酬、升迁、奖励、福利保障、工作环境等。目前，我国许多企业重视客户满意的建设却忽视了员工的满意度，而员工满意却是客户满意的基础。造成这种状况的原因有企业管理者更关心能够带来直接利益的企业活动，对于员工满意的潜在收益不重视；目前我国劳动力市场竞争激烈，供大于求，使得企业对于员工的更换带来的损失并不重视，而且员工本身由于工作难找也不会表达自己的不满意从而使得员工与企业对于工作满意感与否都选择忽视。实际上大部分的员工的满意度都得不到提高，工作的积极性也很低，严重不利于企业的健康和谐发展。

（五） 人才流失严重

在这个人才竞争激烈的高速发展时代，谁抓住了人才谁就成功了一半，人才争夺战日趋激烈，所有的企业都绞尽脑汁地想吸引人才、留住人才，采取了大量的奖励优惠政策，可是仍不可避免地出现了人才大量流失、员工跳槽现象，造成了企业成本投入的亏本，并且阻碍了企业快速发展的进程。造成人才流失的因素很多，但企业占主要部分。企业并没有为员工营造一种家的感觉，对于员工关心不够，沟通激励措施不当，或者只关注了物质留人却忽视了精神方面的重要性。现代员工工作所需要的并不只是养家糊口，而是能够使其人生价值得以实现的事业，能够让他感受到快乐与尊重。企业要想留住人才必须真正地站在员工的角度，想员工所想，尽量满足员工的物质与精神需求，切勿忽视员工关系的管理。

三、 完善员工关系管理的方法

（一） 设立专门的管理岗位，提高从业人员的专业水平

企业在加强员工关系管理的过程中成立专门的管理的岗位是必不可少的。仅仅依靠人力资源管理部门的业余管理是行不通的，因为人力资源管理很容易与员

工关系管理混淆，做不到专业化的管理，也就无法彻底进行管理。在设立员工关系管理岗位时，可根据企业发展规模的不同而进行不同的设立，像总公司级、区域级、分公司级、部门级。

管理者作为员工关系管理的主要负责人是实现管理目标的关键人物，他们的管理理念与管理方式与企业的最终发展息息相关，因此，他们本身就应该具有较高的专业知识与管理沟通能力。而企业应该加强对于专业人员的吸引和在职人员的专业培训，加大投入，增加他们对于员工关系管理理论的学习，提高他们员工关系管理的水平，保证他们能够熟练的运用有关激励、沟通、协调技巧，及时而又正确地解决员工关系中出现的问题与矛盾，为企业发展营造出一种积极和谐的工作环境，从而更好更快地实现企业目标。

（二） 深化管理者的认知观念，重视心理契约的构建

我国许多企业的管理者对于员工关系管理并没有进行深刻的学习，缺乏系统的认知，主要表现为员工关系管理理念认识存在偏差，理解过于片面。而企业需要改进的就是加强员工关系管理的学习与培训，从招聘、培训、工资福利、奖酬激励、沟通机制建设及离职员工管理这一系统中要结合员工自身的实际情况来进行处理各种关系，使员工关系和谐，从而促进员工高效率的工作，企业发展目标的最终实现。

把心理契约的构建放在员工关系管理的核心位置。心理契约是指员工和企业之间相互理解和信任，共同达到一个互惠互利的平衡机制，是企业和员工之间的互相感知并且认可的期望，是由员工需求、企业激励方式、员工自我定位以及相应的工作行为四个方面的循环构成，虽然心理契约是隐形的，但却发挥着有形契约的作用。由于企业缺乏对心理契约的重视，导致不能充分的了解每一个员工期望要求，从而使员工满意度低，不能最大化地奉献自己的才能，降低了企业的工作效率。所以，企业应采取必要的激励和管理方式来满足员工的需求，实现员工期望，而作为回报员工也会把自己的目标与企业的发展目标联系起来，明确自己的责任，奉献自己的力量，与企业共同成长。

（三） 培育良好的劳资关系，保障员工的安全与健康

由于市场经济的快速发展、劳动法律制度的普及，企业员工的法律意识越来

越强，因此劳动争议事件的发生也越来越频繁，企业为解决争议不仅要花费大量的财力和人力，还要造成其他方面的间接损失。而劳动争议的原因就是因为企业人事制度的不健全。因此，建立有效的劳动争议预防机制，构建和谐的员工劳资关系是企业做好员工关系管理的基础。企业不应该再是被动的处理劳动纠纷，应积极主动的预防，完善内部劳动规章制度，建立劳动关系双方科学有效的沟通协调机制，争取把劳动争议扼杀在摇篮里。

员工是企业的灵魂，企业的发展离不开员工的参与，而员工的安全与健康是他们良好工作的基础，因此直接关系到企业运营的效率，所以，保障员工的安全与健康是建立良好员工关系的重要保障。企业要建立安全的责任制度，制定具体的安全目标，培养员工的安全意识，合理安排员工工作，改善工作环境，营造融洽的企业氛围，舒缓员工压力，保障员工健康。

（四） 加强企业纪律与冲突管理，深化企业的激励与沟通

同"军队需要铁的纪律"一样，企业也需要严格的奖惩体系。员工的纪律管理作为员工关系管理的重要组成部分，要遵循纪律处分的具体程序：首先要提出组织目标，建立规章制度并且向员工充分的说明制度要求。然后观察员工的相关表现并与规章制度相比较，得出正确的结论。最后实施恰当的处分，处分结束后要进行再次的询问管理。同时在进行员工纪律处分时还要遵循及时原则和渐进原则。员工冲突则是员工之间、员工与管理者之间的情感、目标或理念相互矛盾而产生的结果。根据冲突内容的不同，管理者要采取不同的解决方案，具体问具体分析。企业冲突并非全都有害，适当的冲突有利于增强企业发展的活力。当企业冲突过少时，管理者应该有目的的安排一些企业活动，追求新颖多变来带动员工的创新思维；当企业冲突过多时，管理者应尽快找出问题出现在哪里，及时将冲突控制住以防扩大化。

根据相关研究表明，企业管理者工作的70%都是处理有关沟通的问题，每天的谈话、开会、讨论等等都是在沟通。提高企业沟通能力，深化企业内部沟通成了员工关系管理的核心内容。企业要充分地完善企业内部沟通机制，建立员工建议制度，实行走动式管理，加强组织员工的交流活动，完善所有的沟通渠道，充分利用好非正式沟通网络，把握自信、真诚、尊重、积极、明确及因人而异的沟

通原则。

（五） 建设积极的企业文化，提升员工的工作满意度

毛泽东说过，"没有文化的军队是愚蠢的军队，而愚蠢的军队是不能战胜敌人的"，同样，没有文化的企业是愚蠢的企业，而愚蠢的企业是不能战胜对手的。企业文化是指企业在市场经济的实践中逐步形成的为全体成员所认同和接受的，并且带有本企业自身特点的发展价值观，它是企业经营观念、精神理念、道德规范及发展愿景的总和，是企业发展的基本功，发挥着一种"软"约束的作用。因此，企业要建立积极的企业文化，明确企业的共同愿景，鼓励员工参与企业文化的建设，充分展现员工的风貌，发展一种积极、自由、学习、创新、竞争的文化氛围，将企业的发展目标与员工的发展密切的联系起来，培育他们的责任感与使命感，从而充分地打好员工关系管理工作的基础。

员工关系管理的最高境界就是通过提高员工满意度来建立起良好的员工关系，促进企业快速持久的发展。而现在不少企业都重视客户满意度而忽视员工满意度。实际上，员工满意是客户满意的基础，而且员工满意度低会造成企业人才紧缺及流失的问题，进而工作效率低，企业效益差。所以，提高员工满意度是当今企业发展的当务之急。企业要做好工作满意度的调查，明确调查任务，选好调查时机，制定合理的调查方案，并做好调查结果的分析与运用。同时，为员工提供具有适度挑战性的工作，帮助员工获得工作的成就感；建立公平合理的薪酬体系，增加员工的公平感；还要营造积极和谐的工作环境，融洽员工之间的关系，更好地协调员工管理；并且企业在工作分配中要注意员工的人格特点与工作性质的匹配，从而最大化地提高员工工作的积极性。企业要在做好满意度调查的同时全面地做好以上几项工作，员工满意度必然得到全面的提升，那么，员工关系管理的工作也就完成了一大步。

（六） 做好离职员工的管理，减少优秀员工的流失

铁打的营盘流水的兵，企业中员工的流动性随着市场竞争的扩大也在不断加剧。适当的流动能增强企业的活力，但过度的流动就是企业的管理出现了问题。不少企业为员工的离职感到愤怒，其实只要企业处理好与离职员工的关系就能把离职员工变成自己的朋友甚至于是未来的客户，而不是企业叛徒或敌人，这关键

在于企业如何去做。员工离职包括自愿离职与非自愿离职两种情况。对于非自愿离职也就是企业辞退的员工，管理者要讲究辞退的艺术，最好让员工自动辞职，若不行则在辞退时企业要以事实为依据，做好日常的评估记录，充分照顾到辞退员工尊严，进行细致周到的安抚工作，同时也要表现出自己坚决果断的立场，让员工的直系管理者参与辞退过程，最后，企业还要重视被辞退员工的后续效应，要对其他的员工做出合理的交代，必须得到他们的理解和认同，否则会影响其他员工的工作情绪，降低工作效率，甚至会辞职，造成人才的流失。

面对自愿离职即辞职的员工企业需要做的是正确地认识员工离职，消除敌视态度，充分地分析员工离职的原因，建立起完善的离职管理制度，做好员工离职面谈的工作，氛围轻松、态度真诚，适度地挽留人才。挽留失败时企业要处理好与离职员工的关系，充分的利用离职员工资源，与离职员工保持密切的联系，努力把离职员工发展成企业的再雇佣者和正面宣传者甚至未来的投资者或客户。当然，做好离职管理的基础工作也是非常重要的。企业要从一开始就要采取措施降低离职率，首先要做好员工的招聘与培训工作，使新员工的管理规范化；然后保证员工工作的合理化，建立有效的绩效管理体制，确保奖惩体系的公平合理，最后建立和谐积极的企业文化，营造自由轻松创新的工作氛围，为员工自我价值的实现提供更多的机会，从而充分的降低员工离职率并且会为企业吸引更多的人才，实现企业的可持续发展。

四、 各种风险规避

（一） 规章制度制定、公示风险

用人单位在制定、修改或者决定有关劳动报酬、工作时间、休息休假、劳动安全卫生、保险福利、职工培训、劳动纪律以及劳动定额管理等直接涉及劳动者切身利益的规章制度或者重大事项时，应当经职工代表大会或者全体职工讨论，提出方案和意见，与工会或者职工代表平等协商确定。

在规章制度和重大事项决定实施过程中，工会或者职工认为不适当的，有权向用人单位提出，通过协商予以修改完善。用人单位应当将直接涉及劳动者切身利益的规章制度和重大事项决定公示，或者告知劳动者。

归纳起来，一个合法有效的规章制度必须符合以下三点：

1．规章制度必须通过民主程序制定；

2．规章制度不能违反国家法律、行政法规及政策规定；

3．规章制度必须向劳动者公示。

（二） 入职管理的风险

入职管理的风险主要是：员工职业履历造假、隐瞒个人信息如重大疾病等，或没有解除以前劳动关系或有保密条款等约定回避从事同行业期限内的。劳动关系无效，甚至雇佣方也要承担连带责任。应对措施是：

1．入职登记表规范；

2．候选人提交离职证明；

3．背景调查；

4．严格的用人及体检标准。

其中，入职登记表要有个人声明：以上所填各项均为真实情况，并充分了解上述资料的真实性是双方订立劳动合同的前提条件，如有弄虚作假或隐瞒的情况，属于严重违反公司规章制度，同意公司有权解除劳动合同或对劳动合同做无效认定处理，公司因此遭受的损失，员工有对此赔偿的义务。并要求员工签字确认。

（三） 试用期运用不当风险

规避方法：

1．试用期期限要合法；

2．试用期不能脱离劳动合同而存在；

3．试用期工资标准有限制；

4．试用期解除理由应充分。

（四） 培训协议风险

劳动法中明确指出：用人单位为劳动者提供专项培训费用，对其进行专业技术培训的，可以与该劳动者订立协议，约定服务期。劳动者违反服务期约定的，应当按照约定向用人单位支付违约金。违约金的数额不得超过用人单位提供的培训费用。用人单位要求劳动者支付的违约金不得超过服务期尚未履行部分所应分

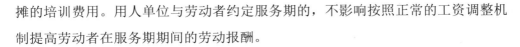

摊的培训费用。用人单位与劳动者约定服务期的，不影响按照正常的工资调整机制提高劳动者在服务期期间的劳动报酬。

风险提醒：

1．违约金不应超过服务期尚未履行部分所应分摊的培训费用。

2．支付违约金的情况不仅包括员工离职，还应包含因严重违反公司纪律被解雇情形下的违约金支付情况。

3．单位必须出具第三方开的培训费用发票才能证明对劳动者进行过培训，企业内部培训或没有第三方发票的都不算。

（五） 保密协议与竞业禁止风险

《劳动合同法》规定：对负有保密义务的劳动者，用人单位可以在劳动合同或者保密协议中与劳动者约定竞业限制条款，并约定在解除或者终止劳动合同后，在竞业限制期限内按月给予劳动者经济补偿。劳动者违反竞业限制约定的，应当按月向用人单位支付违约金。竞业限制期限不得超过2年。

1．保密协议

根据我国《反不正当竞争法》规定，"商业秘密"是指不为公众所知悉、能为权利人带来经济利益、具有实用性并经权利人采取保密措施的技术信息和经营信息。

《劳动合同法》第23条第二款规定："对负有保密义务的劳动者，用人单位可以在劳动合同或者保密协议中与劳动者约定竞业限制条款。"该条款将劳动者的保密义务延续到了劳动合同终结后。

因此，劳动者与用人单位之间的保密约定，既可以以保密条款的形式写入劳动合同，也可以单独订立一份保密协议。两种形式的效力是相同的。

2．竞业禁止

所谓竞业禁止，亦称"竞业避止"

"竞业限制"，是指负有特定义务的员工在离开岗位后一定期间内不得自营或为他人经营与其所任职的企业同类的经营项目。

企业应选择接触、了解或掌握企业商业秘密人员及其高级管理人员签订竞业禁止协议，达到保护企业核心秘密和经营利益的目的。对于只具有普通技能且未接触到用人单位商业秘密的劳动者签订的竞业禁止协议原则上无效。

对于劳动者应得的合理对价的数额，根据每个劳动者和用人单位情况不同而不同，不可能有划一的数额标准。应当将竞业禁止的补偿费与劳动者的工资收入联系起来，以其作为基本的计算参照标准。具体额度目前国家还没有统一的规定，各个省市的规定不一样，比如江苏就规定竞业禁止协议约定的补偿费按年计算不得少于该员工离开企业前最后一个年度从该企业获得的报酬总额的1/3，而深圳就规定的为不少于2/3。

（六） 劳动报酬支付风险

《劳动合同法》规定：用人单位应当按照劳动合同约定和国家规定，向劳动者及时足额支付劳动报酬。用人单位拖欠或未足额支付劳动报酬的，劳动者可以依法向当地人民法院申请支付令。

同时，《劳动合同法》首次对试用期的工资进行了规范：劳动者在试用期的工资不得低于本单位相同岗位最低档工资或者劳动合同约定工资的80%，并不得低于用人单位所在地的最低工资标准。

风险应对措施：

1．完善薪酬福利以及考核制度；

2．按时、足额发放员工工资和加班费；

3．针对实行不同工时制的人员，按国家法规的要求，制定不同的加班费政策；

4．实行不同的工时制度，并办理备案手续。

（七） 离职解雇风险——经济补偿金

新劳动法中规定，除用人单位维持或提高劳动合同约定条件续订劳动合同，劳动者不同意续订的情形外，如果劳动合同期满终止，用人单位应支付经济补偿金。用人单位违规不签无固定期限劳动合同的，在解除或终止合同时，应按规定的经济补偿标准的双倍支付赔偿金。

风险应对措施：

1．规章制度要公示并签字；

2．违纪处理严格按照制度处理；

3．文件送达签收；

4．离职解雇手续办理严谨。

（八） 事实劳动关系存续风险

《劳动合同法》第十四条规定：用人单位自用工之日起满一年不与劳动者订立书面劳动合同的，视为用人单位与劳动者已订立无固定期限劳动合同。

《劳动合同法》第八十二条规定：用人单位自用工之日起超过一个月不满一年未与劳动者订立书面劳动合同的，应当向劳动者每月支付二倍的工资。

风险应对措施：员工关系专员认真学习制定《劳动合同法》，并制定《劳动合同管理办法》以指导劳动合同的各项管理工作，特别是要严格在《劳动合同法》规定的时间范围内办理劳动合同订立及续订工作。

第九章　　跨文化人力资源管理

第一节　　跨文化管理理论

一、　文化的概念

　　文化之于社会就如记忆之于个体。在过去的生活中可行的东西沉淀下来，变成语言、文字；变成音乐、艺术；变成工具，建筑；甚至变成服装的款式；变成饮食起居的方式，影响未来者的思维、体验和行动。"文化"这个概念的提出几乎就像文化本身一样悠久，文化的定义也因此众说纷纭。在本章里，我介绍几个用得最普遍的定义，然后提出我对文化的理解和定义。

　　对文化的广义定义来自赫斯科维茨（Herskovits）出版的《文化人类学》一书。他认为，文化是一切人工创造的环境，也就是说，除了自然原生态之外，所有由人添加上去的东西都可称之为文化。这里，人工创造的东西包括两大类：一类是客观文化、硬件产品；另一类则是主观文化、软件产品。硬件是那些看得见摸得着的物品，如房屋建筑，交通公路，电视电脑，以及各种机器工具，等等。软件则是那些触摸不到，但似乎又无处不在的东西，比如信念、理想、价值观和社会规范。它们就像空气阳光一样无时无刻不影响着人。

　　这个定义虽很全面，却没有被后来的多数学者所采用。用得更广泛的是取赫斯科维茨的"主观文化"部分来定义文化，即，将文化定义为"被一个群体的人共享的价值观念系统"。郝夫斯特将文化比喻成人的"心理程序"（mental programs），并指出文化会影响人们关注什么，如何行动以及如何判断人和事物。与此相似，文化也被其他学者定义为"人为创造的、被他人认可的观念，它给人们提供聚合、思考自身和面对外部世界的有意义的环境，并由上一代传递给下一代"。

另外一个与众不甚相同的文化定义来自强皮纳斯的《文化踏浪》一书。他认为文化是某一群体解决问题和缓和困境所采用的途径和方法，而非仅仅是一套价值观念系统。这个文化定义隐含一个基本假设，即所有的人类都面临一些共同的问题和困境，如时间、空间、外界的自然环境，等等。一个群体的人对时间的共同理解和感知，对外界自然环境的态度和行动则形成这个群体的独特文化。在这个定义里，文化又包括了主观和客观两个层面。

综上所述，我认为文化可以被定义为"由人类创造的，经过历史检验沉淀下来的物质和精神财富"。它应该具有以下几个特点。首先，文化是一个群体共享的东西。其次，这些东西可以是客观显性的，也可以是主观隐性的。第三，客观显性的文化和主观隐性的文化同时对生活在该群体中的人产生各方面的影响。最后，文化代代相传，虽然会随着时代改变，但速度极其缓慢。

（一） 文化的两个常用比喻

在讨论文化时，常常用两个比喻来使文化的抽象定义形象化。一个比喻是将文化比成洋葱，有层次之分。另一个比喻则是文化冰山说，指出文化的显性隐性双重特征。下面对这两个比喻进行一个详细的解说。

1. 洋葱的比喻：文化层次论

（1）表层文化

这个文化洋葱只有三层：表层、中层、核心层。洋葱的表层——表层文化是我们平时能观察到的东西。比如你去日本看见他们的服装与我们不同，他们的音乐恬静悠远，听起来也不一样。他们吃生鱼，喝清酒，晚上下班不回家，与同事去酒吧。然后你又看见他们的寺庙外观也与我们的不同，更方、棱角更鲜明。其他建筑物有的外观相似，但里面的装修和布置却不一样，颜色清淡素雅。他们进门一律脱鞋，席地盘腿而坐；吃饭的饭桌，睡觉的床铺（榻榻米）也与我们的很不相同。你于是知道自己进了另一个文化。再比如你去印度，发现那儿的建筑很少有方顶的，而以圆形为主。街头人们的服装和其他装饰都色彩艳丽、浓烈。音乐不仅到处都是，而且节奏强烈，令人忍不住翩翩起舞。然后你又发现他们的饮食中有很多咖喱椰奶，香辣扑鼻，而且很多人不用筷子、勺子或叉子吃饭，而用手抓饭吃。你于是清楚地意识到自己是在一种陌生的文化中。这些由表层文化表现出来的一种文化的特征常常给人以强烈的直接冲击，让人感受到文化的存在和力量。

表层文化通过外在物品表现。外在物品除了上面描述的那些东西之外，另一个非常显著的就是该文化中人们使用的语言。语言不可视、不可触，却可以听到，亦是一个客观存在。语言是文化的一个重要产物。其余的如艺术品、电影、绘画甚至商店市场，也都属于表层文化。

笔者刚到美国的时候，就有一种到了他乡异国的强烈感受。首先是马路上行人稀少，与国内的熙熙攘攘形成鲜明的对比。而到了有人的地方，别人的讲话我也大都听不明白。到商店去买东西，才发现一个店可以如此之大，物品可以如此之全，选择可以如此之多。比如冰激凌，不同的牌子、不同的口味、不同的包装、不同的大小、不同的颜色，不下几十种；再说洗衣粉，也是大大小小琳琅满目，弄得我不知所措，不知该买哪一种。有一次去家居用品超市（Home Depot），发现里面有许许多多的工具我不仅从未见过，就是见了也不知其用途，非常惶惑。就说我平时最熟悉的厨具刀，在美国的商店里就有几十种，细长的、宽扁的、刀锋平的、刀口带齿的、木柄的、塑制柄的、大的、小的、长的、短的，平头的、尖头的，我都不知道那么多不同的刀是干什么用的，因为在中国的厨房里，我一般就只用一把刀，那种宽宽的、长方形的，用它切蔬菜瓜果，切肉切鱼，斩鸡斩鸭，反正要用刀的地方，它都上。在美国生活了一段时间以后，才知道每一种刀各有其专门的用途，切肉的刀和切菜的刀不一样，切面包的刀和切瓜果的刀不一样，切面包圈（bagel）的刀与切鱼的刀更不相同。

再说学习，第一次与我的导师见面，我以为他会告诉我应该修什么课，做什么题目的论文，或者告诉我是否应该每天去办公室，等等。结果都不是。他只给了我一张下学期可选的课程清单，然后说我可以选任何我想修的课，只要按时把研究生院规定的课程修完，别的自行安排。面对如此之多的选择，我的头脑"嗡"

的一下，不知该怎么办，只能把清单拿回去仔细研究。这些表层文化的不同对我造成的直接冲击就是：这是一个个人可以有很多选择的社会，而在这个社会中生活，需要自己尝试和进行决策的事情太多了。

我之所以产生这样的感想，与我自己成长的环境关系密切。在我出国之前的中国社会 20 世纪 80 年代，商品虽然已经不短缺，但大都很单一。冰激凌一般就只有两种口味，洗衣粉也只有一两个牌子，口上带齿的刀则几乎没有见过。在国内的大学读书时，每学期所学的课程都是学校规定好的，选修的量很少，基本不用自己动太多的脑筋。如果我出生在美国、日本或欧洲的资本主义发达国家，或是给予老百姓很多生活自主权的国家，可能就不会如此惶惑，而觉得选择太多或生活太复杂。因此，我们产生的有关其他国家表层文化的感想和观点，更多反映的是我们自己的观点而非那个文化的实质。

（2）中层文化其实，任何表层文化都折射出一个社会更深的理念，都是社会价值观的直观体现。中层文化指的就是一个社会的规范和价值观。在这里，我把社会规范和价值观看成两个不同的概念。社会规范是指一个群体中的多数人在某一情形下都会做的事。比如中国社会的一般规范是在家里不应与父母顶嘴，在课堂上应该认真听老师讲课。客人来访应该请坐倒茶，而不是怒目相视；出门访客则应穿戴整齐，手提礼物。另一方面，价值观则是指一个群体对什么是"好"什么是"坏"，什么是"对"什么是"错"的共同认识。比如撒谎是坏事，助人为乐是好事；贪污受贿是错的，而见义勇为是对的。社会规范之所以不同于价值观主要在于大多数人都在做的事情不一定就是对的，而只有少数人坚持的行为也未必就是坏事。

每个国家都有一些自己独特的社会规范。比如与陌生人见面时如何行礼，美国人热情握手；日本人拱手作揖；印度人双手合十，放之鼻端，身体微微前倾；而意大利人则拥抱亲吻，彼此间有很多的身体接触。再比如吃饭，美国人用刀叉，将自己要吃的食物（通常是牛肉、土豆泥、生菜）全部放在一个盘子里，左右开弓；日本人用筷子，吃汤面，夹寿司都很方便；中国人把菜肴放在桌子中间，大家共享；印度人则将浓汤与米饭拌在一起，用手直接抓了吃，或用手抓着面饼，蘸着浓汤吃。

再比如说美国人做事很讲究专业,打网球一定去标准的网球场,穿着网球衣裤,网球鞋;不像我在国内的时候想打羽毛球没有专门场地,就随便找一块空地开打,没有边界划线,也没有架在中间的球网,而且身穿便服,有时甚至脚蹬皮鞋,照样乐在其中。现在在美国住久了,就再也不敢如此随便。事实上,生活方式或社会规范都是受文化理念支撑的,美国人的专门/专业性反映的是他们的思维习惯,事事都该精确,一种场合一种样子,一种工具解决一种问题,一把钥匙开一把锁。就像我前面提到的厨具,更是如此,一类有共性的食品应该用同一种刀来切割,而切不同的食品就应该用不同的刀。而中国人用一把刀解决所有切食品的问题反映的则是模糊思维和大而化之的特点,即一刀可以多用,不必专刀专用,甚至连创造专刀的必要都没有。这种思维方式还反映在生活和工作的很多领域。如大家熟悉的菜谱,看中菜菜谱,一般都写着"酱油少许,味精少许",而不是具体的斤两。再看美国的食谱,几盎司水,几盎司盐,几个"桌勺"调料,几个"茶勺"胡椒粉都写得清清楚楚,没有丝毫含糊的地方。对做菜的程序的描述也是如此,西餐的食谱精确明白,容易把握,而中餐食谱则粗略,很多地方要靠烹调者的悟性方能实现。

表现在工作和管理上,我们就看见美国的公司对任何职位都有详尽的职位描述,不管是设备维修,还是大楼清扫;不管是软件编程,还是项目管理,对岗位上的职责任务,不同任务应给的权重,可能遇到的特殊情况,该岗位与其他岗位之间的关系等都有详细的说明。这样的职务分析方法起源于美国顺理成章,因其理念与该国的文化价值观一脉相承。中国的模糊思维方式要接受如此精确的职务分析管理恐怕会遇到不少心理障碍,这是在全面向西方学习管理方式的时候管理者一定要头脑清醒的地方,一味模仿可能欲速反不达。

再比如前面文化小测验的题目中有一题关于美国的企业管理者在墨西哥工作的经验,他们发现给墨西哥工人增加工资,反而减少了工人愿意工作的时间长度,与美国的工人很不相同。这种表层文化的差异事实上反映的也是价值观念的不同。美国人追求物质,对金钱有强烈的需要,所以越给钱越愿意加班。墨西哥人则珍视与家人朋友在一起的时间,钱够了正好把业余的时间给家人朋友,因此拒绝加班。从这里反映出来的两种人生观价值观真是南辕北辙。

一个社会的价值观决定这个社会对"好和坏"的定义，与该社会群体共有的理想密切相关。在美国，"活着为了工作"是一个大家都接受的理念，因此加班加点被看成是好的行为，是受到社会和大众赞赏的行为。相反，"工作为了生活"是被墨西哥人认同的价值观，钱和工作不是生活中最重要的东西，如果为了工作而牺牲了与家人朋友共度时光，那就可能为大家所不齿。平心而论，"工作""生活"如何区分，如何定义，"工作""生活"如何达到平衡状态，都是永远没有答案的问题，但文化理念的不同，就会导致该文化中的人千百种不同的行为表现。因此了解了中层文化，就应该能较深较好地解释一个民族的特殊行为，并对其可能出现的反应方式进行预测。

（3）核心文化

核心文化是一个社会共同的关于人为什么存在的假设，它触及该社会中人们最根深蒂固不容置疑的东西。比如人与生俱来的权利，人存在的价值，个人与他人的关系。美国的核心文化中最重要的一部分是人人平等，是个体的独立和自由。这些理念在美国社会生活的人是不需多思考的，是他们所有生活所依据的基本原则，是不可动摇的社会存在的基础。相反，在其他社会，比如印度，人生来不平等是根深蒂固的观念，在这个社会长期存在的种姓等级制度（the Caste system）中反映出来了。

二、 跨文化管理理论

涉及一个社会核心文化的理念这类问题，生活在该文化中的人往往很少关注，他们视为理所应当的事情，却很难被生活在另一个社会中的人所完全理解。因此，当来自另一个社会的个体问"为什么"的时候，你会发现你用三言两语竟无法解释。你必须从头说起，从该社会的历史发展过程，突出的历史人物和历史事件开始，讲到整个文化理念体系的提出，挣扎，到最后形成的经过，从而回答为什么该理念成为这个社会存在的基石。当一个价值理念问题需要追溯几代以上的历史方能解释清楚的时候，就说明该理念触及了一个社会的核心文化。比如问中国人为什么个体是与他人紧密联系的，为什么人和人之间的联系如此重要，为什么要

"毫不利己专门利人",不花上一两个小时的时间讲述孔孟,讲述中国社会人制的历史,讲述毛泽东的思想一定讲不清楚。这与问美国人为什么人应该是独立的个体,自己应对自己负责一样,一定得联系到杰弗逊总统的《独立宣言》,联系到美国社会从英国人手里独立出来的历史,甚至联系到基督教本书介绍的 4 个最有影响的跨文化理论提出了区分文化差异的方法和维度,对帮助我们理解、解释和预测特定群体的文化行为有重要的指导作用。这 4 个理论分别是:克拉克洪与斯乔贝克的六大价值取向理论;郝夫斯特的文化维度理论;蔡安迪斯的个体主义-集体主义理论以及强皮纳斯的文化构架理论。

(一) 六大价值取向理论(克拉克洪和斯乔贝克)

较早提出跨文化理论的是两位美国人类学家——克拉克洪与斯乔贝克(Kluckhohn &Strodtbeck,1961)。克拉克洪曾是哈佛大学的教授,现已故世。她曾参与太平洋战争时美国战争情报处(Office of War Information)组建的一个约 30 人的专家队伍,研究不同文化的价值、民心和士气。该研究组通过对日本民族的心理和价值观的分析,向美国政府提出了不要打击和废除日本天皇的建议;并依此建议修改要求日本无条件投降的宣言。第二次世界大战后不久,哈佛大学加强了对文化价值研究的支持力度,并与洛克菲勒基金会一起资助克拉克洪等人在美国的得克萨斯州一片有 5 个不同的文化和种族的社区共存的方圆 40 英里的土地上展开了一项大规模的研究。六大价值取向理论就是研究成果之一,发表在《价值取向的变奏》一书中。他们认为,人类共同面对六大问题,而不同文化中的人群对这六大问题的观念、价值取向和解决方法就能体现这些群体的文化特征,从而绘出各个文化群体的文化轮廓图,而将不同的文化区分开来。他们提出的这六大问题是:

1. 对人性的看法;
2. 人们对自身与外部自然环境的看法;
3. 人们对自身与他人之关系的看法;
4. 人的活动导向;
5. 人的空间观念;
6. 人的时间观念。

克拉克洪与斯乔贝克从自己的研究出发，指出不同民族和国家的人在这六大问题上有相当不同的观念，而在这六大问题上的不同观念则显著地影响了他们生活和工作的态度和行为。比如说，美国文化对人性的看法比较复杂，不单纯地认为人生来善良或生性险恶，而认为人性可善可恶，是善恶混合体。他们同时认为人性的善恶有可能在出生以后发生变化。相反，有的社会对人性采取较单一的看法，比如，中国的"人之初性本善"表现的是对人性的乐观态度，而"三岁看老"则有一点人性难变的假设。这一点表现在管理上，美国强调制度，尽可能考虑人性恶可能带来的坏行为，在设计制度时严密仔细，事先设置种种限制以防坏行为发生；而中国则从人性善的角度，假设人不会做坏事，所以制度稀松，漏洞百出，到坏事发生的时候再去修补制度。

同样，不同文化中的人对自身与他人之间关系的看法也很不相同。中国人把个体看成群体的一员，个人不可以离开群体而存在。个人不应有与他人不太相同的特征，应该尽量合群，左右逢源。一个人如果个性太突出，太与众不同，就可能遭排斥，而变得格格不入。在个人利益与群体利益发生冲突时，个人则应该牺牲自己的利益保全集体的利益，应该大公无私，毫不利己专门利人，应该牺牲小我，成全大我。长期以来中国宣传的英雄人物几乎都是或多或少具有这些品质的。而美国文化恰恰相反。每个人都应该对自己负责，而不是对别人负责；或者说是先对自己负责再对别人负责。比如在飞机上，当有意外要发生的时候，指导语写的是："先救自己，再救别人。"而不是不顾自己，救"同志们"要紧。另外，他们强调人的独立性，而证明独立性的重要一点就是离开父母生活，自己打天下。所以，美国青年18岁就离家生活，即使自己的学校或工作地点离父母家很近，也一定会自己另找房子，独立生活。从另一方面来说，父母即使再不愿意，也不得不将孩子送出家门，以培养他们的独立精神。再看看在中国，许多青年成人后依然与父母同住一个屋檐下，直到结婚才搬出去住，觉得很自然，本人也好，父母也好，社会也好，都认为理所当然。

人的活动取向是指一个文化中的个体是否倾向于不断行动。比如，美国社会是一个相当强调行动的社会，人必须不断地做事，不断地处在动之中才有意义，才创造价值。更有甚者，不仅要动，而且要快。美国有一本管理杂志题名《快速公司》反映的就是这种价值观。而美国人创造的快餐食品，速递公司，也都是行动导向文化的产物。虽然美国的这种行动文化已越来越成为商业社会的重要特点，但在许多亚洲社会里，静态取向，安然耐心仍然被视为美德之一，而非无所事事的表现。有时候，甚至提倡"以静制动""以不变应万变"，强调无为而治。所以，当美国人发现问题的时候，总是倾向于立即找出解决方法，然后实施；而东方人有时会选择静观，什么也不做，让时间和外界环境自然成熟，再抓时机去把问题解决掉。而这样的智慧则很难被美国人接受。

人在关于空间的理念上表现出来的文化差异也非常显著。中国人倾向于把空间看成公共的东西，没有太多隐私可言；而美国人、德国人却倾向于把空间看成是个人的私密之处，他人不能轻易走近。中国家庭中的房间常常没有单独的门锁，家里任何人都可随意进出，包括父母的房间，孩子的房间更不用说了。父母进入孩子的房间无须敲门，有的父母甚至擅自拆读子女的信件、翻阅子女的日记而不以为然。美国家庭的房子每一个睡房都有门锁，有的孩子还在门上贴上一个大大的"停"（STOP）字，以幽默的方式提醒别人尊重自己的隐私。在德国，办公室的门都是紧紧关着，居民区的房屋更是大门紧闭，窗户严实，连窗帘都一丝不苟地挂下。相反，日本人的工作空间是公共的，他们设计的办公室巨大，办公桌之间并无隔板，每一个人都能看见另一个人在做什么，或者一个团队的人在聚会与否。曾经有一个案例讲的就是日本公司在美国遇到的问题，他们的办公室设计方案遭到美国员工的强烈反对，甚至引起了法律纠纷。

最后，身处不同文化中的个体对时间的看法更加表现出文化差异。对时间的看法主要涉及两个层面。一个是关于时间的导向，即一个民族和国家是注重过去、现在还是未来。另一个层面是针对时间的利用，即时间是线性的，应在一个时间里做一件事；还是时间是非线性的，在同一时间里可以做多件事的宗教教义。

总结一下，克拉克洪与斯乔贝克的理论可以用表 9-1 表示。

综上所述，用克拉克洪与斯乔贝克提出的六大价值取向理论来区分文化能够帮助我们理解许多平时观察到的文化差异现象，并对有些"异常"行为进行合理的解释。该理论没有探索更深层次的原因，即为什么不同国家和民族在这六大价值取向上会如此不同。在本书中我也不对价值取向背后的成因做探讨，并且不对文化价值取向进行价值判断。我将文化看成是中性的，无好坏或先进落后之分。我只讨论文化的特点，以及这些特点如何影响人的工作和生活的各个层面，如何影响企业和组织的运作和发展。

表 9-1　克拉克洪与斯乔贝克的六大价值取向理论

六大价值取向	美国文化	他国文化
对人性的看法	性本善和性本恶的混合体，有可能变化	善或恶改变很难
人们与外部环境的关系	人是自然的主人	和谐并受制于自然
人们与其他人的关系（等级观念）	个体主义	集体主义（重视等级）
行动取向	重视做事或行动	重视存在
人们的空间观念	个人、隐秘	公共
人们的时间观念	未来 / 现在一个时间做一件事	过去 / 现在同时做多件事

（二）　文化维度理论（郝夫斯特）

文化维度理论是跨文化理论中至今最具影响力的一个理论，由荷兰管理学者郝夫斯特（Hofstede，1980，1991）提出。该理论是实际调查的产物，起初并无理论构架。20 世纪 70 年代末，郝夫斯特有机会对分布在 40 个国家和地区的 11.6 万名 IBM 员工进行文化价值观调查。那时，IBM 大概是唯一一家全球公司。郝夫斯特的逻辑是，在 IBM 工作的员工大都有相似的教育背景和智力水平，个性特征也会比较相似。因此，他们对同一问题做出不同的答案反映的不应是其他方面的差异，而更多的是文化对他们产生的影响。比如，如果一个人对"我总是比我们重要"这个句子非常赞同，而另一个人极不赞同，这种不同反映的可能就是文化的差异。再比如对以下说法的赞同程度："上级应该视下属为与自己一样的人，而下属也应对上司同等看待"，反映的也可能更多的是文化差异而非个体差异。

通过对各国 IBM 员工对于大量问题的回答进行因素分析，郝夫斯特发现有四大因素可以帮助我们区分民族文化对雇员的工作价值观和工作态度的影响。1980 年，他在《文化的后果》一书中发表了该研究的成果。这四大因素或四个维度是：

1．个体主义与集体主义（着眼于个体还是集体的利益）；

2．权利距离（人们对社会或组织中权力分配不平等的接受程度）；

3．不确定性回避（对事物不确定性的容忍程度）；

4．事业成功与生活质量（追求物质还是强调人际和谐）。

20 世纪 80 年代后期，郝夫斯特又重复了十年前的研究，但这次包括了更多的国家和地区，总数超过 60。

（1）个体主义与集体主义

郝夫斯特将个体主义与集体主义定义为"人们关心群体成员和群体目标（集体主义）或者自己和个人目标的程度（个体主义）"。他的研究发现，美国人在个体主义上得分最高（92/100），居全世界之冠；而有中华文化背景的群体如新加坡人，中国香港人，中国台湾人（第一次研究中没有包括中国内地，因为那时在中国尚未设立分支机构）在个体主义上得分则很低（29/100）。

用一个具体的例子来说明个体主义文化与集体主义文化的差别，工作午餐恐怕是再合适不过的了。在美国，如果我想和同事共进午餐，一般我会事先预约一下，电话或 E-mail，然后定下来午餐的时间。假定有三四个同事下周二都有空，我们约好在某个同事的办公室集合，很快讨论一下想去的餐馆，如印度餐馆，大家就一起出发了。到了餐馆，领班会把我们带到一个餐桌，我们坐下后，她/他会给我们每一个人一份菜单。于是我们阅读菜单，然后选一个自己喜欢的食物，印式三明治，咖喱羊肉或其他。几分钟后，服务员会走过来，挨个询问我们决定要点的食品，记录下来，收走菜单。我们于是开始聊天。

又过几分钟后，服务生会把我们点的食品端上来，准确地将每一个人点的放在那个人的面前。我们于是开吃，边吃边继续我们的聊天。吃得聊得差不多的时候，我们就示意服务生拿来账单，大家各付各的账，然后离席回各自的办公室，继续上班。在这整个过程中，除了聊天时我得考虑他人的感受和反应外，其余一切我只要照顾自己的口味和感受即可，与他人无关。

再看看典型的中国午餐。一般来说，很多时候不事先预约，去敲一下同事的门，问有没有时间共进午餐，如果有，则同去。假定正好有三四个同事都能走开，于是我们一起出发，当然去中餐馆，但需选择可能是吃什么地方菜，川菜还是湘菜，粤菜还是沪菜。大家决定试一试新开张的川菜馆。进餐馆的时候，门口有几位服务生站着欢迎，然后领班出来，带我们入座。坐下后，他/她会给我们两份菜单，让我们共用，而不是一人一份。我们轮流或凑在一起看菜的品种，然后决定点什么。但因为上菜的时候菜会放在桌子中间大家一起吃，所以点菜的时候就得想到别人的口味，以免到时候某人没菜可吃。议论了一会以后大家都同意要五个菜，告诉服务生，便开始聊天。几分钟后，一个菜上来，大家开始一起吃，过一会儿，另一个菜上来，大家又开始上筷，边吃边聊，直到菜上齐，吃得差不多了为止。这时，服务员送来账单，谁付账呢？如果一开始召集吃饭的人没有明说是他/她请客的话，那么，这时每个人都可能掏出自己的钱包抢着付账，服务生则随机抽取一个以结束"争端"。在这个过程中，差不多每一步都不是个体独立的行为，选菜也好，付账也好，每做一事，都得把别人的喜好利益考虑进去，而不能仅凭自己的喜好行事。与美国人的午餐过程十分不同。

这个例子很好地说明了个体主义文化强调个人目标、个人独立，而集体主义文化提倡人与人之间的相互依赖和不可分割。

（2）权力距离

权力距离指的是一个社会中的人群对权利分配不平等这一事实的接受程度。接受程度高的国家，社会层级分明，权力距离大；接受程度低的国家和民族，人和人之间比较平等，权力距离则小。把中国与美国相比，很显然中国的权力距离比美国的要大。中国文化中的一个重要组成部分就是权力距离，从孔孟提倡的君君臣臣，父父子子和三纲五常，到现代社会强调的在家听父母的话，不与父母顶嘴，在单位在学校尊敬领导尊敬师长，讲求的都是社会的秩序和人与人之间的距离和等级。记得刚到美国时，我叫我的导师为某某教授，与我在中国时对导师的称呼相似。可是不久，我就发现我周围的美国同学都对导师直呼其名，"吉姆""山姆""哈里"随口叫。我当时很困惑，不知该怎么办。因为称"某某教授"很长，也拗口，而要我直接叫导师名字，我又实在叫不出口。想来想去，就决定什么也不叫。这样过了三四个月后，我发现自己似乎慢慢习惯了听导师的名字，于是终于有勇气直呼其名了，导师一点也没有惊讶的样子，好像理所当然。

权力距离大小在组织结构中会有较明显的表现。权力距离大的文化中的组织一般层级鲜明，金字塔比较陡峭，如日本韩国或者中国的企业；而权力距离小的文化中的组织结构一般就比较扁平，如美国、北欧的公司。另外决策方式也不同，权力距离大的国家倾向于用自上而下的决策方式，有时即使高喊民主，也是形式为多。权力距离小的国家则倾向于自下而上的决策方式，善于吸纳底层的意见，而作为低层的人也敢于说出自己的所思所想。当然，权力距离的大小都是相对的。虽然我们知道美国的权力距离小于中国或日本，但与许多北欧国家比，它的权力距离却是大的。这一点从公司的董事会的开法和座位安排上就能看出来。一般来说，去旁听美国公司的董事会会议，比如波音公司，走进会议室看一看所坐的位置，听一听讲话人的口气，你就大致能猜出谁是掌握权力的人或者主要的决策人。但如果你去北欧国家的公司旁听董事会，比如瑞典的宜家家居，董事会成员似乎随意乱坐，发言时也是七嘴八舌，有话就说，很难看出谁是权威人物。低调、平等是北欧文化的底蕴，大家从心里认同。

组织机构的扁平化和决策的民主化已成为西方国家管理的未来发展趋向，东方国家如果要学习，恐怕会经历长期的挣扎，因为这样的管理实践与东方社会高权力距离的文化土壤不算最弥合。

（3）不确定性规避

不确定性规避指的是人们忍受模糊（低不确定性规避）或者感到模糊和不确定性的威胁（高不确定性规避）的程度。低不确定性规避文化中的人们敢于冒险，对未来充满信心；而高不确定性规避文化中的人则相反。在这个维度上，郝夫斯特混淆了几个方面的内容，以导致其研究结果模棱两可，有多种解释。

从冒险的角度看，美国文化当然得分高。美国可能是世界上最盛产创业者（entrepreneur）的国家，而创业者无疑是敢冒风险的人。从对未来充满信心的程度看，美国也应该名列前茅，因为美国人大都很少存钱（总的平均存款率可能是全世界倒数第一），许多人不仅没有存款，而且借钱消费，贷款买房买车，度假逍遥。相反，中国文化和其他亚洲文化中的人在这两点上得分就低，创业者人数远远低于美国，存款率则高得惊人。

然而，从另一个角度看，中国人和亚洲人一般对模糊的指导语没有怨言，比如老师对学生作业的要求，不必对答案的长短，书写的格式，甚至上交的时间大限进行详细的交代；管理人员对下属的要求也只说个大概，不需一五一十地交代，下属会自己去"悟"。同时，对暂时不能得知的结果也能很好地忍受不知，比如刚考完试，并不急着想知道自己对错，而愿意放一放再说。对人生中未知的部分也能放手交给命运安排。所以，他们的不确定性回避程度较低。相反，美国人总是要求老师或管理者给出精确的要求描述，或职责描述，尤其是时间大限这一条，决不能含糊。另外，他们总是希望最短时间内得到反馈，对结果无尽上瘾。而且追求对人生的控制，不信命运，只信自己。如此说来，他们的不确定性回避又比中国人要高。

在商业合同上的表现似乎也反映出对不确定性回避的程度。美国公司的商业合同大都内容详细，细节清楚，任何细微的方面都不能有遗漏，所以一般一份商业合同总有几百页，厚厚一摞。而日本公司的商业合同一般都比较粗略，只包括最主要的内容和意向，很多细节留待以后再加以商榷和填补，因此页数不多。我们暂且不讨论造成这种现象的社会文化经济法律原因，单从表面看，显然日本人对不确定性回避要低，而美国人要高。

对不确定性回避的实证性研究很少。我这里介绍一个与冒险有关的跨文化研究，是芝加哥大学的奚恺元教授和哥伦比亚大学的韦伯教授一起做的（Hsee&Weber，1999）。他们同时问美国学生和中国学生，哪个文化中的人更敢冒风险？结果美国学生说美国人更敢冒险，中国学生也说美国人更敢冒险。然后，他们给了这些学生一些隐含风险的情境，让他们进行选择：肯定性选择或概率性选择。做概率性选择即意味着敢冒风险。在这些隐含风险的情境中，有的与钱有关（称作经济情境），比如投资；有的则与人际关系有关（称作社会情境），比如，做某事可能会得罪朋友。结果他们发现平均而言，中国学生与美国学生敢冒风险的程度无显著差异，但冒险领域不同。比较而言，中国学生在经济领域中比美国学生更敢冒险，而美国学生在社会领域中比中国学生更敢冒险，体现出强烈的文化差异。这个研究表明，在讨论不确定性规避这个概念时，一定得区分具体的领域，以及其他的边界条件，而不能笼统地一概而论。

（4）事业成功与生活质量

这个维度指的是人们强调自信、竞争、物质主义（事业成功导向）还是强调人际关系和他人利益（生活质量导向）的程度。第一章中提到的墨西哥工人的例子表明，墨西哥文化更注重的是生活质量，而美国文化更注重的是事业成功。在这个维度上，中国和其他亚洲国家的文化得分都不比美国低，虽然人际关系也是这些文化的重要特征之一。日常的观察有时会给我们这样的印象，即中国人和其他亚洲国家的人为了事业成功甚至愿意付出更多，而且家人朋友都接受。比如，中国社会一直歌颂为了工作不顾家庭的英雄人物，从古代"三过家门而不入"的大禹到现代为了事业呕心沥血鞠躬尽瘁的干部或企业家，如焦裕禄，反映的就是这种价值观。在今天的中国，有多少人是一周七天都工作的？或者一周有三个以上的晚饭是不和家人一起吃的？恐怕不计其数。此外，为了挣钱，有多少人背井离乡，留妻儿老小在乡下，而自己单独去城市打工的？或者为了自己的学业和事业，与妻儿道别，出国离家的？

在这一点上，亚洲国家的人有很多的相似之处。日本的员工很多下班之后不回家，而与同事一起去酒吧饮酒，作为上班的延伸，因为这个时间的交流对自己未来的升迁和发展有不可低估的作用，牺牲与家人在一起的时间就可以理解。另外，如果在上班时间家里突然发生了意外，比如孩子病了，妻子生产了，很多人依然会坚守岗位，因为这样的行为是受到赞赏的。

这样的生活方式对不甚强调事业成功文化中的人简直是不可想象的事，几近天方夜谭。如果为了挣钱或事业而错过了看着孩子成长的过程，错过了自己对孩子的言传身教，错过了自己对妻子的责任，对家庭琐事的参与，那么就是成了百万富翁，事业成功了又有什么意义呢？欧洲许多国家公司对员工的福利待遇，包括对妇女生育的奖励，休假政策等都体现了对生活质量的重视。法国人到八月差不多全去度假，瑞士的妇女生育后可以休长达两年的产假，体现的就是生活比事业成功更重要的价值理念。

事实上，就是像美国这个强调事业成功物质主义的国家近些年来已开始在这一导向上发生变化。人们越来越重视家庭和个人生活质量，一个典型的表现就是下班时间到了的时候一般都会回家，而不留下来加班，或与同事外出社交。周末的时候大家都不工作，起码公司的同事不会在周末打电话给你讨论工作上的事，已成为不成文的规矩。否则会被认为扰乱别人的私人生活，极不礼貌。此外，越来越多的公司开始给员工提供各种对家庭和个人生活质量有帮助的服务，如健身房、按摩师、幼儿园，甚至小睡室，让哈欠连连的员工可以休息一下恢复精神。提供免费饮料和办公文具的公司更是不计其数。

（三）个体主义-集体主义理论（蔡安迪斯）

个体主义-集体主义理论是蔡安迪斯经过近 30 年对文化差异的研究之后提出来的。蔡安迪斯出生于希腊，早年移民美国，从事心理学研究工作，以关于个体主义-集体主义的跨文化研究闻名。他曾是我在美国读博士时的导师之一，对我后来从事跨文化研究有极重要的影响。1995 年，他出版了《个体主义与集体主义》一书，总结了他自己几十年来以及他的弟子和其他跨文化心理学家的研究成果。

前面介绍郝夫斯特文化维度理论的时候曾提到个体主义-集体主义这一维度，很显然，郝夫斯特认为个体主义集体主义是同一维度上的两极，一种文化如果在个体主义上得分高，就意味着在集体主义上得分低，反之亦然。一种文化不可能既很个体又很集体。蔡安迪斯完全不同意郝夫斯特的观点。他认为，个体主义-集体主义不是一个维度的概念，也不是两个维度的概念，而是一个文化综合体，包括许多方面。此外，蔡安迪斯将这个概念降到个体层面，用它来描述个体的文化导向而非国家或民族的文化导向。那么，个体主义-集体主义这个文化综合体到底包括哪些方面内容呢？

蔡安迪斯提出五个定义个体主义-集体主义的重要方面：

1．个体对自我的定义；

2．个人目标和群体目标的相对重要性；

3．个人态度和社会规范决定个体行为时的相对重要性；

4．完成任务和人际关系对个体的相对重要性；

5．个体对内群体和外群体的区分程度。

（1）个体对自我的定义

个体主义者和集体主义者在对自我这个概念上的理解和定义大相径庭。一般来说，个体主义者将自我看成独立的个体，可以脱离他人而存在，而且作为独特的个体，应该与众不同。别人对自己的看法常常用来验证自己对自我的定义，而不直接影响或进入自我概念的范畴。集体主义者则把自我看成群体中的一员，与他人有互赖的联系，不能脱离他人而存在。个人应该属于某一个群体，如果找不到"组织"，会有很强的失落感，一下不知自己是谁。别人对自己的看法至关重要，常常会影响到自己对自我的评价。

有一个小练习可以帮助我们鉴别一个人对自我的定义。这个练习很简单，就是在最短的时间内写完二十个句子，每一个句子都以"我是……"开头。

（2）个人利益和群体利益的相对重要性

对个体主义社会中的人来说，个人利益当然比群体利益重要。在法律允许的范围内追求个人利益不仅合理，而且提倡。亚当·斯密的名著《看不见的手》说明的就是这个意思：每个人在追求个人利益最大化的同时，能够实现群体利益的最大化。而市场就是一只无形的巨手，将个人利益与群体利益的关系自动理顺。这当然为追求个人利益提供了理论依据，使追求个人利益者理直气壮。追求个人利益最大化于是成为西方经济学的最重要基本假设。

把个人利益看成合理的个体在当自己的利益与集体利益发生冲突的时候，首先考虑的是如何保全正当的个人利益，然后才是集体利益。一个极端的考验是战争中的士兵，落入敌人手中的时候，是顾及自己的生命乖乖缴械投降，还是为了国家血战到底、宁死不屈，或者宁愿自戕也不愿意当俘虏。战俘在美国被投之以中性的眼光，而在中国、日本这样的集体主义国家则被社会看不起，有时甚至被家人认为是羞辱门庭的事。

在集体主义社会中长大的人从小所受的教育正好相反。个人利益是阴暗的东西，不仅不能提倡，还应加紧防范。追求个人利益被看成是自私的表现。要"大公无私"，要"狠斗私字一闪念"，要排除私心杂念，要"毫不利己专门利人"。当个人利益与群体利益发生冲突的时候，应该毫不犹豫地牺牲个人利益，而不是牺牲集体利益。出生加拿大后来长期在香港生活的心理学家庞麦克（Michael Bond）教授曾在1983年发表的一篇论文中讲述他自己的研究成果，他发现香港学生在面临这种冲突的时候，只要群体认同，就愿意自己吃亏去保全集体的利益。这里强调的就是"没有国哪有家，没有家哪有我"，先有国家，再有小家，再有个体，顺序不能颠倒。

在这种理念指导下，那些想为自己谋利益的人就得想出各种各样的方法借口或伪装使自己的行为合理化。其中一个与强调集体利益相一致的最好手段就是借用集体的名义。在中国社会，如果一个人为了个人私欲犯了法，大家都会认为不可饶恕；但如果一个人为了集体的利益违规，那么评价就可能很不相同。因此同样一种行为，如果终端受益者为个人，那么就会遭到一致谴责；如果终端受益者为集体,那么就会获得同情。

（3）个人态度和社会规范决定个体行为时的相对重要性

一个人的行为是由什么因素决定的?社会心理学中的合理行动理论(阿杰生和费希本,1980)指出,影响个体行为的因素不外乎两个,一个是个体对该行为的态度和兴趣,另一个则是个体感知到的别人对该行为的看法。比如,一个小孩很喜欢画画,而大人也赞赏他画画的行为,那么他就会经常画画。再比如,一个男孩正在和一个女孩谈恋爱,男孩觉得自己的父母朋友也都很喜欢这个女孩,那么他就会继续与她交往下去。从这个意义上来说,当这两个因素彼此和谐统一时,人的行为很容易预测,不管该人生活在个体主义还是集体主义社会。可是,当这两个因素互相排斥时,究竟哪个因素更占主导地位就表现出文化差异来了。

一系列的跨文化研究结果表明,在个体主义为主要导向的社会中,个体的行为动因主要来自于自身对该行为的态度和兴趣,而在集体主义社会中,个体行为的主要驱动因素主要来自自己对他人可能将有的看法的认知。举例来说,假如你是一个很讨厌溜须拍马的人,最近你刚刚加盟一个新公司,没去几天,就发现那个公司的人都精于此道,而且那些马屁精都被大家投以赞赏的目光。你怎么办?是离开公司另找工作,还是同流合污,也开始溜须拍马?是陷污泥而不染,还是让常在水边走的鞋子沾上水?这样的问题在所有社会中的人都会遇到,都要面对,但思考这个问题的角度,和最后的解决方法却常常因文化的不同而异。

在个体主义社会,人首先想到的是怎么做能最大限度地满足自己的利益和需求,而不是别人的。人首先为自己活着,做任何事都得让自己觉得合适和自然,因为最终是自己而不是别人对自己的行为负责。"走自己的路,让别人去说吧!"就是典型的个体主义信仰。个人的态度决定个人的行为,用来描述个体主义社会中的现象基本会比较准确。这可能是为什么在美国有如此之多的关于人的态度的研究,而很少有关于隐形社会规范对人的影响的研究,因为知道了一个人的态度就能在很大程度上预测该人的行为,其余的则不那么重要。

在集体主义社会情况就不同了。如果我不随波逐流,也加入溜须拍马的大军,我的同事可能会说我故作清高,而对我另眼相看。我因为具有一个互赖的自我,同事对我的看法在我的自我概念中占很大的比重。为了使自己有一个良好的自我概念，我就想取悦于我的同事，而采取与他们相似的做法。

（4）理性和关系对个体的相对重要性

个体主义社会中的个人因为强调独立的自我，理性对个体来说就比关系要重要得多。一个例子是他们对完成任务的态度。因为是否胜任某个工作或完成某个任务能显示个体的能力和特点，是自我定义中的一个重要组成部分，因此，个体主义者把完成任务看得很神圣很重要。同时，与他人的关系并不直接影响个体对自身的评价，因为个人只能通过自己的行为举止，而非通过与他人的关系证明自己。所以相对于完成任务而言，人际关系便不那么重要。

对于集体主义者来说，一切正好相反。对于他们，任务是可以用来帮助其与他人建立关系的工具，而不是终极的目的。他们的自我概念，包括自尊和自我价值，都与那些与他们有密切关系的人对他们的评价密切相关，因此，与他人保持良好的关系就变得至关重要，变成个人存在的目的。

（5）个体对内群体和外群体的区分程度

我在美国讲课时，一讲到个体主义与集体主义的概念，就会有人自动把集体主义与"愿意合作""有团队精神"等字眼联系起来。这样的自动连接自然有它的道理，但在我们讨论个体主义、集体主义这个概念的时候，一定要引进另一个重要的概念，那就是"内群体"与"外群体"。内群体是指与个体有密切关系的群体，如家人，工作中的团队，在有的情况下，甚至同乡、同胞。外群体则是指与自己毫无关系的人的总和，如其他公司的人，外国人或完全的陌生人。当然，内外群体的边界非常具有弹性，随时间、地点、场合而变。

（四） 文化架构理论

由另一个荷兰管理学者强皮纳斯提出的文化构架理论虽然没有特别严谨的实证研究做依托，却也对跨文化管理工作者做出了不少贡献。他出版《文化踏浪》一书，引起轰动；后来与他的搭档汉普顿-特纳在 1998 年改写后又再版此书。在此过程中他们又成立了文化管理咨询公司，培训跨国管理人员。强皮纳斯的理论在学术界从来没有口碑，但我个人觉得他有一些独到的见解是别的理论都不曾涉及的，对我们理解和预测文化冲突与解决途径都有帮助。本书中也会对他的理论做出详细的解释。

1. 普遍主义-特殊主义维度

其实普遍主义与特殊主义这个概念最早也不是强皮纳斯的创造，而是由社会学家帕森斯（1951）提出的。普遍主义者强调用法律和规章指导行为，而且这些指导原则不应因人而异。"法律面前人人平等"就是普遍主义者的响亮口号。此外，普遍主义者认为对所有事务都应采取客观的态度，而且世界上只存在一个真理，只存在一种正确解决问题的方法。相反，特殊主义者却强调"具体问题具体分析"，不用同一杆秤同一尺度去解决不同情况下的问题，而应因人而异，因地而异。另外，特殊主义者认为一切都是相对的，世间没有绝对真理，也不存在唯一正确的方法，而是有多条路可走，殊途同归。

2. 中性-情绪化维度

中性-情绪化维度是又一个能帮助我们区分文化差异的重要方面。这个维度主要指人际交往中情绪外露的程度。情绪表露含蓄微弱的文化被称为中性文化，而情绪表露鲜明夸张的文化被称为情绪文化。最典型的中性文化国家为日本、中国和其他亚洲国家；最典型的情绪文化国家为意大利、西班牙和其他南美国家。美国处在两极之间。在中性文化里，人与人之间很少身体的接触，人与人之间的沟通和交流也比较微妙，因为情绪表露很少，需要用心领会才行。相反，在情绪文化里，人与人之间身体的接触比较公开自然，沟通交流时表情丰富，用词夸张，充满肢体语言。

3. 特定关系-散漫关系维度

特定关系-散漫关系这个维度可以用来很好地描述和解释在不同文化中生活的人在人际交往方式上的巨大差别。这个维度的提出源自已故著名社会心理学家科特卢温（Kurt Lewin）的圆圈拓扑理论。卢温本人出生并成长于德国，来美国后，发现美国人的人际交往方式与德国人的相差很远，于是开始对此进行研究，并在1934年发表了《拓扑心理学的原理》一书。他提出了两类交往方式，一类被称为U类方式（特定关系类型），另一类被称为G类方式（散漫关系类型）。

4. 注重个人成就-注重社会等级

注重个人成就的文化是指在这种文化中，一个人的社会地位和他人对该人的评价是按照你最近取得的成就和你的业绩记录进行的。注重社会等级的文化则意味着一个人的社会地位和他人的评价是由该人的出生、血缘关系、性别或年龄决定的，或者是由该人的人际关系和教育背景决定的。这个维度的定义总的比较混乱，但是有一点清楚的是，一个人的社会地位应该完全由这个人的个人成就决定与否是区分不同国家在这个维度上的关键所在。我们知道，在有些国家，出生于皇家贵族的人生来就具有了一定的社会地位，不管该人的个人能力如何，为国家和社会作过什么贡献。而在有的国家即使你是总统的子女，也不意味着你自然就能赢得人们的尊敬，就具有了一定的社会地位。

第二节　跨文化人力资源管理的含义

一、 跨文化人力资源管理概念

跨文化管理，是指涉及不同文化背景的人、物、事的管理，是跨国公司在跨国经营过程中，对不同种族、不同文化类型、不同文化发展阶段的子公司所在国的文化采取包容的管理方法，并据此创造出公司独特文化的管理过程。它要求管理者改变传统的单元文化的管理观念，把管理重心转向对企业所具有的多元文化的把握和文化差异的认识上，运用文化的协同作用，克服多元文化和文化差异带来的困难，充分发挥多元文化和文化差异所具有的潜能和优势，使国际企业具有生机和活力。跨文化管理，绝不是文化的同一化，而是在保持本土文化的基础上兼收并蓄，不断创新，建立既有自己特色又充分吸纳人类先进文化成果的管理模式。

（一） 跨文化人力资源管理的影响因素

跨文化人力资源管理是跨文化企业为了保持竞争优势，在人员选择与任用、工作分析、绩效考评与薪酬管理、劳资关系等方面，根据文化差异的特点进行合理控制和管理，在交叉文化的背景下，通过相互适应、调整、整合而塑造出本组织企业文化，以提高人力资源配置与适用效率的管理活动。跨文化人力资源管理是一项复杂的企业管理活动，影响跨文化人力资源管理的因素很多，比如语言、价值观、时间观念、合作观念、教育、法律、宗教、风俗习惯等。在此主要就价值观、宗教、劳动力成本三方面进行分析：

1. 价值观：是个体或群体对理想事物的一种与众不同的明确或含蓄概念，它影响着人们对有效行为方式、手段和目的的选择，同时又受到各国文化与经济环境差异的影响。一般来说，美国人欣赏创新精神与成就，对于过于困难或比较容易的事并无多少兴趣；欧洲人特别注重权力和地位；日本人对提升、金钱和奋斗表现出浓厚的兴趣。而中国人受儒家思想的影响，和谐成了我们价值观的核心。

2. 宗教：是文化的重要组成部分，它是支配着人们日常生活的外部力量在人们头脑中的幻想的反映。影响跨文化人力资源管理的最常见的因素是宗教禁忌。如犹太教和伊斯兰教禁食猪肉，印度教禁食牛肉，佛教徒不沾荤腥，伊斯兰教禁烟。宗教给文化加上了精神和道德规范，提供活动准则。跨文化人力资源管理要注意宗教在一个社会里的重要作用。在同一个跨国公司里，信仰不同宗教的雇员在宗教问题上具有潜在的矛盾。在这种情况下，跨文化人力资源管理应尽可能避免宗教矛盾，减少产生矛盾的机会。

3. 劳动力成本：是跨国公司经营的一项重要成本，由于跨国公司普遍存在跨文化差异的问题，因而跨国公司的人力资源管理成了典型的跨文化人力资源管理。而劳动力成本的高与低可直接关系到公司的业绩，因而劳动力成本自然就成了跨文化人力资源管理的影响因素。当然劳动力成本是多方面的，包括薪金、法定工作时间、假期和健康医疗服务等。一般来说，根据劳动力成本的高低不同，跨国公司将采取不同的人力资源管理政策。在那些劳动力成本相对高的国家，公司的人力资源政策就会以提高员工的工作绩效为目标，尽量少聘请员工。公司会给予员工大量的培训，使员工尽可能地掌握更多更好的技能；在那些劳动力成本相对低的国家，公司宁可聘请更多的员工，也不会在提高员工绩效（例如技能培训）的措施上花费更多的金钱。因为极有可能培训的费用比聘请更多员工的费用还多得多。

（二）跨文化人力资源管理的方式

1. 文化"移植"

文化"移植"是一种单纯的"更换土壤"的思维方式，指简单地将一个地方的"树苗"移植到另一个地方的"土壤"上来。但文化是有生命的东西，它的生存需要适宜的"土壤"才行。如果单纯地只是把"土壤"更换，再有生命的东西也会因"水土不服"而枯萎。跨文化企业如果只是把带有母国文化式的管理方式直接运用于企业中，或者是简单地照搬东道国的管理模式，采取迎合东道国文化的管理方式，其跨文化人力资源管理是低效且容易失败的。要想进行成功而高效的跨文化人力资源管理，文化移植是必不可少的。

2．文化"嫁接"

文化"嫁接"，是一种复杂的"更换品种"的思维方式，指科学地将一个地方的"树苗"有生命力的那部分嫁接到另一个地方的"土壤"中去，用"合成"的文化物质去滋养促进其生长发育的一种全新的、复杂的管理模式。跨文化企业若想在管理结构、管理职务、人事政策上完全超越国家和文化的界限既不可能，也不可取。跨文化企业真正需要的是借助于对跨文化差异的沟通及对跨文化管理的积极参与、实践，达到跨文化的真正融合，形成跨文化的和谐的经营管理模式。

（三） 跨文化人力资源管理的特征

1．人员结构多元化

人员结构一般分为母国员工、外派员工、本地员工和第三国员工。这些员工来自不同的国家或地区，有不同的文化背景，因此，语言使用、行为方式和价值取向等有很大差异。比如，欧美管理者的风格一般是开放和直截了当的，然而亚洲员工就会觉得这种风格不舒服。因此，作为一个管理者，要想与不同群体的人进行有效沟通，就必须理解他们的文化背景以及存在的差异，调整自己的沟通方式和技巧，否则，就会引起沟通障碍，影响企业的发展。

2．经营环境的复杂性

跨文化企业的经营环境与其他企业相比有很大差别。一般企业的经营环境比较单纯，企业所属成员不存在文化隔阂和价值观念等方面的差异，也不存在政治、法律制度和风俗习惯的不同，比较容易建立企业文化，也容易在管理、决策和执行方面取得共识。而跨文化企业所面临的经营环境就要复杂得多，除去社会制度等方面的显著差异以外，企业成员在管理目标的期望、经营观念、管理协调的原

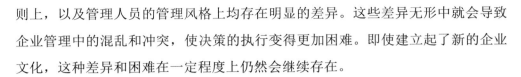

则上，以及管理人员的管理风格上均存在明显的差异。这些差异无形中就会导致企业管理中的混乱和冲突，使决策的执行变得更加困难。即使建立起了新的企业文化，这种差异和困难在一定程度上仍然会继续存在。

3．文化认同的过程性

跨文化企业中存在着差异较大甚至冲突的文化模式，来自不同文化背景的人无论是心理还是行为都有显著差异，这些差异只有逐渐被人们理解和认识，进而产生关心、认同心理，才能取得共识，建立全新的共同的企业文化。因此，跨文化企业想形成自己的企业文化不是一朝一夕的事，需要一个很长的过程。在这一过程中，所有成员都要了解对方的文化模式，进行文化沟通以消除障碍，接受企业全新的特有文化。

4．管理难度增加

在全球市场上，影响人力资源管理的四个最主要的因素是文化、人力资本、政治法律制度和经济制度。这使得人力资源管理决策及政策的指定变得更加复杂。比如：如何招聘到优秀的人才；如何培训和管理外派人员；如何激励具有不同文化背景的员工；如何协调分属不同国家的两家公司的人力资源政策等。

5．管理风险加大

劳动关系问题是跨国企业经营的重要问题，因为各国的法律、管理体系、劳动关系的背景都不同，因此，当管理人员所采取的管理方式不为员工所接受时，就有可能导致管理失败的风险。

另外，跨国经营的企业还有可能面临组织风险和沟通风险。组织风险是企业在开展国际化业务经营时，由于各子市场和分支机构的分散与独特性，使企业的管理、决策和协调变得复杂而带来的风险；尤其是企业采取多元化经营和市场差异较大时，决策更为困难。沟通风险是管理人员面对不同文化、语言等沟通障碍，引起沟通误会，从而导致沟通失败所带来的风险。

（四）　实施跨文化人力资源管理策略

对于跨国企业来说，需要通过文化融合来规避和化解经营管理过程中可能出现的文化冲突，以维系不同文化背景下的行为准则，并据此创造出公司的独特文化。在人力资源跨文化管理方面，可以采取如下策略：

1. 认识并协调文化差异

跨文化的认识具有两层基本含义：第一，首先理解自己的文化，这是更好地认识、理解他文化，识别他文化之间差异的基础，以便扬己所长，补己之短。第二，寻找文化之间的"切点"。这就要求管理者在一定程度上摆脱本土文化的约束，站在不同的立场反观自身文化，并从中寻求本土文化和他文化之间的结合点，并且需要管理者有意识地在企业内建立各种正式的或非正式的、有形或无形的跨文化传播或沟通渠道。

2. 谨慎选择外派管理人员

跨文化管理要求管理人员不但要同不同文化、教育背景以及价值观念的员工打交道，而且还要对付各种政治、经济和法律因素。这些因素属于企业的外部环境因素，对企业管理职能的履行方式有影响。因此，跨国公司经营管理人员需要具备的一个基本素质便是文化意识。文化意识是指跨国公司的经营管理人员对经营所在国的文化传统及其对商务活动影响的认识。根据咨询公司的调查，对于跨国企业来说，一项失败的外派任职的直接损失在25万～50万美元之间。除了在经济上损失之外，还有可能破坏跟东道国之间的关系，丢失业务机会。

这就要求从事跨国经营的管理人员应大量学习这个国家的政治、经济、法律和教育等制度。最为根本的是，要求管理者必须摒弃狭隘主义，不能用个人的眼光来看世界，而应当尊重他国的风俗习惯，尊重异国文化。因此，企业必须采取严格的选择程序，对挑选出的外派员工进行培训，以增强其跨文化工作能力。

3. 实行管理本土化

跨国公司不可避免地会遇到所在国政治、经济、文化等方面的制约，跨国公司在经营中可以采用"本土化战略"：即充分利用当地的资源和市场来壮大自己的实力，并与东道国政府、企业结成战略联盟。在人才使用上，尽可能雇佣本地员工，培养他们对公司的忠诚感，还要聘用能够胜任的当地经理，这样就可以很好地避免文化冲突。比如日本三洋在世界各地拥有众多公司，其中三洋电机中国有限公司，是日本在中国的一家独资公司，就是实行本土化管理，尽量让本地优秀人才参与各种管理活动。

4. 跨文化培训

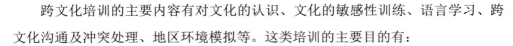

跨文化培训的主要内容有对文化的认识、文化的敏感性训练、语言学习、跨文化沟通及冲突处理、地区环境模拟等。这类培训的主要目的有：

（1）减轻驻外经理可能遇到的文化冲突，使之迅速适应当地的环境，发挥正常作用；

（2）保持企业内信息的畅通及决策过程的效率；

（3）加强团队协作精神与公司凝聚力；

（4）促进当地员工对公司经营理念及习惯做法的理解；

（5）维持组织内良好稳定的人际关系；

（6）国际化经营的企业如何进行培训有两种基本的选择：一是通过企业内部的培训部门进行培训；二是利用外部培训机构，如大学、科研机构、咨询公司等进行培训。因为跨文化的培训并不涉及技术或商业秘密，不少企业倾向于后一种选择。

21世纪是全球化、信息化和市场化的世纪，更是不同文化交流的世纪。跨国公司必然会面临多元文化的挑战和机遇，只有有效地进行跨文化人力资源管理，才能避免由于文化差异产生的文化冲突，将负面影响减少到最低程度。跨文化背景下的人力资源管理是一种全新的企业管理，更需要我们将新的视野、方法、理念等有机地结合在一起进行使用；这对跨文化管理者来说是一个考验，更是跨国公司在国际市场舞台"表演"成功与否的瓶颈。

第三节　　跨文化冲突和人员整合管理

一、　国有企业跨文化冲突分析

（一）　价值文化的冲突

企业价值观是企业判断事物，引导信念的基础，是企业领导者和劳动者在创业的过程中逐步形成的，是团结工人、激励员工的精神力量，它引导企业的行为，促进企业的发展。在项目管理过程中，来自不同国家、民族、经济、历史、文化的参与是不一样的，在价值观、情感、行为等方面存在差异，导致文化冲突和风险。情感冲突是一种成员之间的冲突形成的。由于无法理解的文化差异所产生的偏见和主观认识，导致在人际关系上的个人或群体之间的斗争，特别是种族和种族背景的相互攻击的对象，将直接影响项目合作团队凝聚力。比如说，英国人对自己的工作和别人的工作有明显的区别，他们不愿意帮助别人，但除非你想主动提出要求，否则不会主动帮助你。中国官员更为微妙，感受到了英国人的冷漠，而英国人认为，中国人缺乏主动性和责任感。

中文化的集体主义是中国文化影响的重要因素。在个人与群体之间的关系中，更倾向于群体。在工作和成就的态度上，中国人勤劳、善良、谨慎、适度的民族性格，提倡努力工作，强调"和谐"的团结与和谐的工作冲突。提倡集体主义、艰苦奋斗的精神，反对个人主义和享乐的观念。提倡以"情感"为特征的管理理念，注重伦理、人际关系，把工作视为同事之间沟通的机会。崇尚个人主义是西方价值文化的精华。西方古代思想家强调对个性差异的尊重，外国经理坚持自我为中心的管理，把员工与他们不同的文化价值体系，强调社会竞争意识，崇尚以一决雌雄的方式来解决冲突问题。西方文化强调公平、竞争，对中国员工的自由散漫的感觉难以承受，由此容易引发冲突。

（二） 行为差异

文化冲突造成的行为是国际合作项目中最常见的公开的冲突，是来自于双方的冲突，双方的符号系统的表达方式包含不同的文化冲突造成的。来自不同文化背景的人，同样的文化符号的含义有可能是不同的。感知是我们理解外部环境的主体观。但是由于文化的误读，产生不好的理解，导致了认知的不一致，并且由于缺乏跨文化差异的认知，导致了不同文化背景的员工的误解越来越深，项目内的凝聚力下降。

（三） 文化背景差异

文化背景的差异不仅会影响双方相处的方式，而且影响双方的习惯。外国人都习惯了积极推进和公开质疑或接受建议。中国人则是"和谐是最宝贵的"关系为导向的文化，即保持和谐的关系，更重要的是，一般而言，对他们提出的主张，

偏向于私下和平的说服，而不是公开的，武断的结论话语。

（四） 激励机制的冲突

在企业提高工资和经济效率这一方面，中国方面往往能够将提高工资和企业的经济利益挂钩，以提高企业的经济效益。外国企业普遍认为，企业成长的目的是适应物价指数和生活指数上涨以及通货膨胀的需要。在调整企业员工工资时，中方注重对员工的资格、经验的考虑。而另一种观点则认为，员工的薪酬和工作性质都是他们所从事的，所以只有当员工的工作内容发生变化时才能考虑调整工资。

二、 跨文化冲突对企业管理的影响

（一） 对战略目标影响

不同文化偏好可能会导致对企业战略目标的不同排序。例如对于倾向长期导向文化维度的国家，企业战略目标更关注企业的成长性、稳定性、能力培养，如日本企业。而对于倾向短期导向文化维度国家，企业战略目标更关注收益性、股东权益等，如美国企业。根据美国《财富》的调查显示：美国企业战略目标前三位分别是投资收益、股东收益、扩大市场份额，引入新产品排在第七位；而在日本企业的排序依次为扩大市场份额、投资收益、引入新产品，股东收益排在第九位。

（二） 对沟通的影响

跨文化交际是非常复杂的，无论是在语言，肢体语言，还是礼貌用语。一个人不应该被怀疑，但是因为他太靠近别人，说话太大声，搭着别人的背，甚至只是一个微笑，结果就会发出一种错误的信息。不同的信仰，价值观，期望值，以及所接受的信息量的差异，都能影响到跨国经营的过程。在跨文化商务交际中，无论是有意还是无意，不管哪种沟通和文化价值观，都是在沟通过程中始终传递的。国际商业交易的成功与否取决于管理者是否有效的跨文化沟通。沟通误解很可能导致员工之间在不同文化背景下产生冲突，或导致项目实施的拖延，甚至最终导致不仅企业遭受巨大的经济损失，更容易失去整个地区的声誉和业务。珍妮丝说，"每一种文化都是一个独特的各种元素的安排，形成一种不同的生活方式，不同于其他文化。在这是一个广泛的概念，指的是态度，价值观，信仰和系统的各种元素。跨文化交际中产生的问题，从各自文化的形成、特殊的定义和安排上因为很明显，"正确"的做事方式很可能是跨文化交流的障碍。因此，企业在跨文化管理的过程中，需要对"文化"在整个沟通过程中的作用要有充分的理解。跨文化交际产生的冲突的原因是多方面的，其中文化因素对语言交际和非语言交际的影响最大。

（三） 对企业人力资源管理的影响

国际人力资源管理研究根据不同的人力资源与价值取向和理念，对跨国公司人力资源与分配方法分为四类。第一类以母公司为中心的人员配备倾向于地区中心主义，往往将更多的资源留在母公司，而全球中心主义人员配置通常用于全球化企业。跨国企业人力资源的主要来源是母国、东道国和第三个国家的人民。在四种人力资源来源方面，对于国际工程总承包企业而言，人力资源主要是本地人，外籍人士，包括外地工人和外籍项目经理以及东道国的分配。校外文化工作者对工作环境的不适应和外籍人员的共同是企业人力资源管理的主要难点。

（四） 使企业的决策效率降低

因为合资双方都有其价值观、思维方式和行为方式，很容易凝聚成某种"性情"，当遇到问题时，就自然而然地根据自己的价值观念、思维方式进行分析、判断和评价，做出新的决策。因此，需要更多的时间来协调分析，判断和评价双方，有时很难实现。

（五） 导致企业管理低效率和市场机会的丧失

由于不同文化背景的人，不同的价值取向，不同的行为，使合资企业将不可避免地导致文化冲突，以及与合资企业员工的国籍多元化，多元文化使得文化冲突表现在公司的内部管理和外部管理。在内部管理中，不同的人有着不同价值观和不同人生目标，以及不同的思维方式与行为方式，不同的标准会增加组织协调的难度，导致管理成本的增加，甚至导致组织结构的低效运行。在外部经营中由于文化冲突的存在，合资企业不能积极有效的组织形象来满足市场的竞争，往往在竞争中处于被动地位，甚至丧失了许多优秀的市场机会。因为没有统一的价值观和规范的行为，人们往往会自行走上自己的、分散的、跨文化的冲突，以合资的方式分散，不能形成统一的、规范化的管理。

三、 跨文化冲突管理与人员整合

（一） 文化融合与跨文化优势

企业跨国经营主要是指以国际市场为导向的企业，外商直接投资，在国外设立分支机构，广泛应用于国内外资源，在一个或多个领域从事生产经营活动。它使一个国家的企业摆脱了局部的地域约束，成为一个世界性的企业。为什么企业要进行跨国经营，随着全球化的推进，社会和经济生活是相同的表达。跨国经营是企业在全球范围内优化生产要素配置，充分利用人力资源和自然资源，实现"跨文化优势"的结果。

（二） 认清和理解了客观存在的差异

克服思维的狭隘性，注重学习和理解不同的语言、文化、经济、法律等。当多民族企业的管理与东道国不同的文化出现时，往往会遇到许多困难。反映了独特的文化、语言、价值观、思维方式等因素在跨文化管理中会形成障碍，产生冲突，从而影响跨国经营战略的实施。理解文化差异是跨国文化管理发展的必要条件。理解文化差异有其意义：一是了解东道国的文化如何影响当地员工的行为；二是了解他们的家文化对公司的影响是如何影响到管理人员的。不同类型的文化差异可以用来克服不同的措施。由于不同的管理方式、方法和技巧的冲突可以互相传授，学会克服是比较容易改变的，造成的生活习惯和生活方式可以通过文化交流来解决，但需要更长的时间；在基本价值观上的差异往往是难以改变的。只有把握不同类型的文化差异，才能有针对性地提出解决文化冲突的途径。

（三） 分析以及识别文化差异

万千世界，由于不同的社会历史渊源、不同的语言、不同的宗教信仰、不同的价值观、社会、政治和经济环境和传统文化观念的不同，会产生许多文化差异，这种差异有时会呈现出特殊性，有时也会表现出性格。概括了三个不同的方面，也形成了三个不同的层次：第一是文化差异的国家或地区，其次是企业本身独特的"企业文化"的差异。最后，个体的文化差异，也就是说，任何不同的人，总有一定的文化差异。在这三个方面的文化差异，民族或宗教和企业自己独特的"企业文化"在多民族公司的差异尤为明显。

（四） 本土化策略

跨国公司本土化是跨国公司对东道国市场的一些独特的方面做出了适应性调整。通过这种调整，可以使企业保持或提高竞争优势，更好地融入主流，从而实现跨国经营的成功。以"全球化思维和行动的全球化"为原则进行跨文化管理。在一般情况下，有必要聘请相当一部分当地员工实施人力资源本土化的战略，在海外投资。这主要是因为他们熟悉当地风俗习惯，市场动态和政府，和当地消费者的法规，容易达成共识，雇用当地雇员，无疑有利于在当地市场的发展，使得跨国企业站稳脚跟。"本土化"是为跨国公司降低海外派遣人员和跨国经营的成本较高，与当地的社会文化融合，降低了当地社会的情感危机，有利于东道国的经济安全，增加就业机会，转变管理，顺应国际快速发展。双方利益的本地化融合，也成为多民族企业解决外来环境的核心。

（五） 培养高质量的跨文化管理人员

对于国际化的企业管理，需要有较强的管理能力，这样才能更好地管理和控制企业文化冲突，如果一个跨文化企业管理人员没有很多外国的管理经验，那么要一个多元文化的工作环境，必须要有足够高的文化敏感度，这样很难控制和管理潜在的文化冲突，在跨文化环境中，主要原因是缺乏对外事务的管理能力。但如果一个国家的企业管理者具备良好的外语能力，并且拥有丰富的经验，那么在处理涉外事务时要有良好的心理素质，把事务处理得得心应手，培养这样高素质的跨文化管理人才是企业管理国际化的根本。

（六） 消除文化冲突

进线下文化融合，消除文化冲突，对于跨国企业来说，无疑是最难的问题。事实上，这就像是一桩跨国婚姻，因为人们在文化、教育、宗教等不同的国家，婚姻是建立在价值观不同的基础上的一系列共识，婚姻是难以维系的，进行文化整合，消除文化冲突，这些问题都归结于同样的原因。在不同的文化背景中，人们往往会形成不同的价值取向，在不同的价值观取向下，往往使人形成一个广泛的行为。因此，在人们的价值观的基础上重新塑造另一个价值观往往是很困难的。但对于现在的全球化经济，对于跨国企业来说，要整合文化、消除文化冲突，就必须对职工进行不同文化的交流学习，因为员工在同一文化背景下，他们的价值观差异比较小，甚至不存在，所以在不同文化背景下的企业员工进行文化融合，消除文化冲突的开始，不同文化背景的人有不同的理解，文化冲突也会随之逐渐消除。

（七） 借助第三方文化策略

跨国公司在其他国家和地区对全球企业的经营，因为国内和东道国之间存在着巨大的差异，而跨国公司不能在短时间内完全适应形成巨大的"文化差异"，完全不同于东道国的经营环境。在跨国公司的人事管理策略中，通常采用比较中立的策略，而国内的文化已经在一定程度上达到了一个共识，在一定程度上设置了第三种文化在东道国的子公司的管理控制。这一战略可以避免东道国文化与母国文化的直接冲突。作为欧洲跨国公司要在加拿大和美国设立子公司，可以先处理公司的海外总部，在管理思想和美国比较，然后通过统一管理，对美国的所有子公司采取美国总部的执行方式。美国跨国公司在美国南部设立子公司，可以先处理公司的海外总部，使国际和经济模式更接近巴西，然后由美国南部的巴西子公司总部实施统一管理。这避免了由于国外管理者对国内管理者不了解而浪费时间和金钱，以及在东道国的子公司经营活动可以迅速和有效地实现结果。

随着我国经济和社会现代化的不断发展，我国企业也越来越国际化，这使得我国企业的国际业务需要快速发展。中国企业在跨国经营中一直处于多元文化环境，特别是与西方发达国家的经济交往，突出文化差异尤为明显，有时甚至是文化冲突。同时，由于我国地域、民族成分和庞大的人口基数，复杂的因素，使得中国的文化属性更加多样化和复杂化，在我国企业跨文化管理面临的复杂程度超过世界一般水平的同时，其面临的困难和挑战也越来越明显和突出。因此，跨文化管理将成为我国企业管理的一个重要因素，也可能是决定性因素。为了最大限度地发挥我国的积极作用，在这方面，中国企业在跨国经营，实现文化融合，作为一种手段来管理的客观性，并详细分析了文化的合作和跨国企业的差异，在这方面开始，最现实的意义是如何使这些文化因素（包括合作和分歧）。要达到这个目的，首先是纠正不正确态度的跨文化现象：包括忽略了跨文化现象的存在，对国内外文化的认识不足，对文化相似性的假设和文化的自恋等等。然后，通过调动内部资源，发展跨文化管理的跨文化理解的技能，如实现文化交流和学习。运用跨文化企业文化多样性，成功实现企业经营目标。

第十章　　人力资源管理诊断

第一节　　人力资源管理诊断的含义

一、　企业人力资源诊断含义

企业人力资源诊断，是指管理咨询人员通过对组织人力资源开发与管理的各主要环节的实际运行状况、效果和发展趋势进行调查、评估和分析，发现其存在的问题及产生的主要原因，提出切实可行的改进措施或改革方案的活动过程。企业人力资源诊断是一种新兴的管理咨询服务，通常是上级机构派出或者聘请需要由具有深厚理论知识和丰富实践经验的专业人士来进行。企业内部的管理人员常常会对企业内部的问题不知所措或者熟视无睹。即使了解企业病症，但常常因为"不识庐山真面目，只缘身在此山中"，找不出问题症结所在，无法对症下药。外聘的专业人士，作为旁观者，容易发现企业管理等各方面问题，并且没有条条框框束缚，加上专业人士理论和实践经验丰富，更容易找准病因，对症下药。相对企业内部人员，不受人际关系、传统习惯等方面因素的影响，往往能做到"旁观者清"。因此，外聘的专业人士能公正、客观地看待企业内部的问题，即使在企业内部存在较大争议和分歧的问题，外聘专家的见解和提议也更容易被企业内部员工接纳和执行，有利于解决企业运营和管理问题帮助企业发展并实现其目标。

企业人力资源诊断应当是现代人力资源管理中的经常性行为。企业人力资源诊断既可以由上级组织进行（可称为"例行检查"），也可以由企业自己聘请外部专家进行（可称为"求诊"）。

二、 企业人力资源诊断的必要性

企业人力资源诊断是一项智力服务活动。从企业人力资源诊断概念可见，企业人力资源诊断过程应视为帮助企业人力资源管理人员做出改进工作、提高管理效率、开发和引导人力资源的有效途径。企业人力资源诊断是发现组织中的人力资源管理问题和经营管理中的各种问题，通过提供人力资源方案来解决所发现的问题，以改进人力资源管理政策与制度，提高企业的管理效率和促进企业的经营目标的达到和愿景的实现。

人力资源管理诊断是一项关系到企业生存和发展的重要活动。具体地讲，企业人力资源管理诊断的必要性体现在以下几个方面：

第一，解决问题，使企业生产经营正常进行。开展人力资源管理诊断，可以发现员工存在的问题，并针对问题及时采取相应的对策措施，改善管理，以增加员工的工作热情，提高员工的积极性，从而使企业的经营运作正常进行。

第二，促进入职匹配，提高管理绩效。员工的入职不匹配可以通过工作或者个人能力的调整来改变。通过提高入职匹配度，以优化企业人力资源配置，把合适的人放在合适的工作岗位上，提高管理绩效，最后促进企业的发展。

第三，为企业人力资源发展规划提供必要的依据。人力资源管理诊断可以为企业制定或调整人力资源战略乃至企业战略，编制人力资源发展规划提供依据。在招聘、甄选、人员考核、晋升和薪酬等方面帮助企业做出正确的决策。

第四，通过人力资源管理诊断活动，可以使企业管理者与诊断人员双方的实践经验和知识技能得以交流，有利于提高企业管理者的经营能力。

第二节　人力资源管理诊断的方法

一、　企业人力资源诊断的方法

由于企业人力资源管理诊断涉及企业"人"的管理和"事"的管理，因而采用的方法与一般经营诊断的侧重点略有不同。企业人力资源管理诊断多采取如下方法。

（一）　量表调查法

量表调查法是一种标准化的等级量表，通过组织测评、群众测评、员工自测评等多种途径，对人员管理状况进行全面调查的方法。

量表调查法的优点是调查项目设计严格，调查的问题明确，被调查对象的意向选择比较规范，计量方法统一，调查结论经统计分析方法分析，调查结果便于计量，便于横向和纵向比较分析。

（二）　面谈调查法

面谈是人力资源管理诊断的一个有效的方法。面谈包括召开座谈会和个别访问，是人力资源管理诊断人员深入调查、了解情况、对企业人力资源管理乃至整个企业运转状况有较准确的认识，获取第一手资料的一个有效的方法。个别访谈花费时间较多，一般只在对一些分歧较大问题、敏感问题以及重要问题等的深入调查时候才使用。

（三）　问卷调查法

问卷调查法是对个别访谈的一种补充，即通过设计问卷来了解企业的经营管理状况和企业员工的意愿。依据不同的人力资源管理诊断目的，可以设计出调查对象不同、结构不同、调查内容不同的问卷。对调查结果进行加工、分析、核对后所提出的相应的改革措施，员工也易于接受。经验表明，人们对他们能影响的决定是支持的。

调查问卷法既可以用来诊断企业运营状况，也可以用来分析单个人力资源管理部门的管理效果，是人力资源管理诊断中最有效、最常用的方法之一。

问卷调查法，调查面较大，属抽样调查方法。问卷调查的进行一般先作问卷设计，根据调查目的编制一套结构性的问句，并由回答人在不受干扰的条件下独立填写，以保证充分发扬民主，从多种角度摄取信息，防止评价的片面性。然后将问卷在规定时间内收回，最后由调查人员汇总整理。问卷调查中必须注意如下七点：

1．问题贴切，用词正确，所问之处与调查目的相一致，对问卷问题作效度分析；

2．一问不能两答，语义明确，不要含糊其辞、模棱两可；

3．问句不用威胁性的语句；

4．问题排列要合乎逻辑，便于回答者思考；

5．问卷回收率必须达到一定比例，且样本量要尽可能多；

6．抽样时，可将等距抽样法、分层抽样法等抽样方法配合起来使用，使得抽取的样本更具代表性；

7．问卷回收后应作统计分析，对问卷回答结果作信度分析。

（四） 统计分析法

统计分析法指对调查、采集的以及人力资源管理部门提供的有关数据运用数理统计方法，进行综合统计分析，根据统计结果，揭示某方面的因果关系、发展变动趋势，以把握其发展规律，更准确地对企业人力资源进行诊断，切实解决企业内存在的问题。由于统计分析手段较客观，所得出的数据也较有说服力，统计分析法成了一般诊断中都会采用的一种有效方法。注意在统计分析中，一定要坚持实事求是，不弄虚作假的诚实严谨的态度。有些数据如有明显矛盾，应当重新调查确认，切忌肆意篡改数据。

1．观察询问法

诊断人员到企业进行实地观察、现场调查和询问，对企业人力资源的状况有一个直观的了解和感性认识。这种方法虽然直观，但对较大规模的企业来说，则需投入较多的人力。要准确诊断，还必须借助其他方法。

2．图像描绘法

人力资源管理诊断的目的在于改善人力资源管理状况，最终需通过诊断人员、

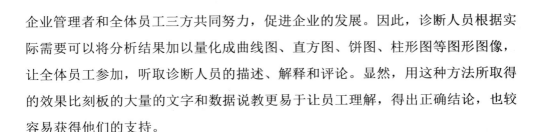

企业管理者和全体员工三方共同努力，促进企业的发展。因此，诊断人员根据实际需要可以将分析结果加以量化成曲线图、直方图、饼图、柱形图等图形图像，让全体员工参加，听取诊断人员的描述、解释和评论。显然，用这种方法所取得的效果比刻板的大量的文字和数据说教更易于让员工理解，得出正确结论，也较容易获得他们的支持。

3．德尔菲催化法

这是一种诊断企业的新方法，其基本步骤是由诊断人员对企业有关方面获取数据或数据抽样，然后分析这些数据，并做出带有几个探索主要方面问题的初步报告，再将可供选择的处理观点制成一览表，要求对此提供反馈或不同意见，当那些步骤得到最大限度回答时，即可最后定稿。

4．人力资源功能测评法

人力资源功能测评，用于组织各类人员德、智、体、能、绩的测量与评定，是一种定性与定量相结合的，可用于人力资源考核与人才选拔的科学方法。人力资源功能测评包括素质结构、智力结构、能力结构和绩效结构四个方面的要素。人力资源功能测评在进行评定时，既要有足够的评定人数，又要分层分级加权，从多个角度获取信息，防止评价结果的片面性，测评时常用到层次分析方法。

除此之外，企业人力资源诊断的方法还包括：寻找和选择典型事件、典型人物、典型单位进行人员组织、结构、功能、发展规划和人力开发方面研究的"个案分析法"；把定性与定量相结合，把复杂问题分解为若干层次，在每一层次上将人们主观判断数量化的"层次分析测评法"；由美国佛罗里达大西洋管理学院教授佛雷里克·舒斯特博士设计的，主要用于企业内部上下之间沟通的"人力资源指数法"等。

二、 企业人力资源诊断的步骤

开展企业人力资源诊断，需要遵循一定的步骤和程序。在总结国内外先进经验，结合近几年参与企业人力资源诊断项目的实践基础上，提出了企业人力资源诊断的"九步诊断法"。该诊断步骤和程序强调了诊断专家要辅助企业实施诊断方案，并且突出了企业人力资源诊断是在企业现有的运营状况和价值观与现代人力资源管理理论的冲突下进行的，如图 10-1 所示。企业人力资源诊断这九个步骤通常可以合为预备诊断、正式诊断和落实诊断三个阶段。

（一） 预备诊断阶段

1．确立诊断项目，建立诊断小组

在企业确定诊断项目后，通常根据诊断企业的运用状况、规模、人力资源管理部门的实际情况确定这段小组人员。一般这段小组人员包括：企业外聘的人力资源诊断专家，作为咨询专家，在诊断中起主持作用；企业内部人力资源部门专员，作为外部专家助手，协调专家与企业内各部门的关系，协助专家工作，在诊断中起辅助诊断作用；企业高层管理者，作为用户代表"求诊"、保证诊断工作条件、鉴定认可诊断结果，支持诊断方案实施，在诊断中起认购作用。

2．收集企业内外的相关资料

这是诊断准备的必要条件，收集与诊断对象有关的资料，如组织结构图，近几年的劳动统计资料，有关财务报表资料、生产任务完成资料、产品质量资料、人员进出资料、劳动保险资料、薪酬及福利资料、培训资料以及人力资源有关的规章制度，以便诊断小组使用。

3．编制诊断计划，设计诊断调查问卷

对诊断工作必须制定出切实可行、围绕诊断项目的计划，以规范和指导整个诊断工作的有效开展和实施。调查问卷的设计是一项非常重要的工作，调查问卷要根据企业的具体情况有针对性地进行设计。调查问卷设计得科学与否，直接关系到调查结果的精度和诊断的准确性。

（二） 正式诊断阶段

这是整个企业人力资源诊断活动的主体，通常经过第一步到第四步。

1．深入调查研究

诊断人员通过现场观察询问、面谈、问卷调查、查阅资料等各种调查方法，全面、深入、准确地了解与企业人力资源诊断项目相关的信息、资料和数据。

2．整理分析问题

对上述收集和调查得到的资料进行分类整理和全面的统计分析，特别要重视定量分析。

3．编制诊断报告

在此阶段，主要是在全面统计分析的基础上，进一步听取相关意见，对企业的人力资源诊断项目做出全方位的诊断与分析，编制出企业人力资源诊断项目的诊断报告。这份报告是受诊企业人力资源管理的客观总结和评价，有助于受诊企业制定人力资源改进措施，建立合理的现代人力资源管理体系。诊断报告一般包括前言、评价、建议和改进方案三方面，诊断报告要将主要诊断依据和结论说清楚，使人一目了然。

4．评估诊断方案，修改诊断报告

诊断专家、企业人力资源部专员以及企业高层管理者等相关人员再根据诊断报告结合企业实际情况共同协商、讨论提出的诊断方案的正确性、可行性等，并改进诊断报告。得出最终诊断结论后，举办诊断报告会，详细介绍和解释诊断的结论，使企业所有员工对提出的改进方案理解和认同，为日后的改革争取支持，促使企业人力资源管理工作的改进。

（三）　落实诊断阶段

1．实施诊断方案

在整个改革过程中，专家诊断小组应当加强指导，帮助有关部门的领导和员工掌握做好该项工作的要领和技巧，克服改革中的难点，以便使改革方案得到顺利实施并取得预期的效果，从而从根本上提高企业人力资源管理水平和企业整体素质。

2．事后回访和反馈

诊断能否达到预期效果，实现诊断目的，要通过实践来检验。在实施改革的过程中，要不断加强信息反馈，及时了解和掌握出现的各种问题，以便采取相应对策，实施控制。对出现的复杂情况应当进行必要的调查研究，以便弄清原委，采取正确的对策。最后，还需要对诊断效果做出客观评价。效果明显，说明诊断准确；效果一般，则需要分析原因，如果属于诊断方面的原因，则要对诊断方案做出相应的调整；效果很差，则说明诊断调查有误或者诊断改进方案有误，需根据具体情况予以及时纠正。

第十一章 组织文化

第一节 组织文化概述

一、 组织文化发展简史

文化学兴起于 19 世纪末，人们对文化现象的认识大致经历了三个阶段：第一阶段（19 世纪下半叶到 20 世纪初），主要从精神文化方面理解，把文化看成人类的精神现象，是对宗教、信仰、思维、心理、语言、艺术等的反映；第二阶段（20 世纪上半叶），功能主义理论从社会结构、功能形态、社会文化等角度认识文化现象，从精神领域扩大到社会领域来研究文化；第三阶段（第二次世界大战后），从传统乡土社会和未开化社会研究转向现代都市社会研究，从传统农业文化研究转向现代工业文化研究。文化学的兴起为组织文化的繁荣奠定了基础，人们开始从文化等"软"因素来研究管理问题。

20 世纪 70 年代以后，日本企业在国际市场上表现出惊人的竞争力，日本经济迅速崛起，对美国和西欧经济形成挑战。日本是一个资源贫瘠的国家，日本的企业管理又完全不同于欧美，这让当时称雄于世界的西方国家感到诧异。20 世纪80 年代初，以美国为首的西方学者开始研究日本企业的管理模式，发现组织文化等"软"因素起到了至关重要的作用，组织文化从此成为管理界的新宠。

随着组织文化热潮的到来，一些学者开始思索背后的原因。Krell（1988）认为组织文化的兴起源于美国对三种危机的直接反映：竞争危机，美国一些行业在与日本竞争时失利；组织理论危机，传统的理论过于简化、僵化，需要寻找新的理论；社会危机，社会本身在纷乱的环境中失去导向功能，组织文化有可能成为抵御侵蚀的堡垒。Stephen R.Barley（1988）也分析了组织文化为何在 20 世纪 80 年代兴起，他更多地是从研究者的角度出发，认为原因是一批管理咨询顾问和应用型研究者写给管理者和实践者的文章得到了热烈响应，并且理论研究者也在积极地做相应研究。

威廉·大内的《Z 理论》、特雷斯·迪尔和艾兰·肯尼迪的《企业文化》、阿索斯和沃特曼的《追求卓越》三本著作，掀起了组织文化研究的高潮。企业界的实践也起到了推动作用，巨型跨国公司都有着自己独特的组织文化，众多寻求发展的公司也在相继探索着创建自己的文化。这些公司的探索，不但刺激了组织文化研究，更是为研究工作提供了生长的土壤。

二、 组织文化发展的背景

（一） 思想背景

现代主义思潮是近现代资本主义实践在文化和意识领域的表现，其核心是人道主义和理性主义。他提倡人道，反对神道；主张用理性战胜一切、衡量一切；相信科技能够推动历史的进步和发展，促进人性和道德的不断改良和完善，使人类最终由压迫走向解放。

后现代主义不仅对西方社会现代化过程中出现的剥夺人的主体性、感觉丰富性的死板僵化、机械划一的整体性、中心性、同一性等问题进行批判与解构，也是对西方传统哲学的本质主义、基础主义、"形而上学的立场""逻各斯中心主义"等观念进行批判与解构，形成了以德里达、福柯、马尔特等欧洲哲学家为代表的后结构主义，以奎因、罗蒂等美国哲学家为代表的新实用主义以及以哈贝马斯等人为代表的"现代主义永无完成论"。虽然后现代主义"矫枉过正"，在批判与反思的过程中走向另一个极端——怀疑主义和虚无主义，解构有余而建构不足，但对西方思想和建构领域都产生了深远影响，其所倡导的人的主体性研究，高扬人的价值和尊严的追求，无疑为注重研究工业场所中人的价值和精神世界的探究，并研究由此导致的人的行为变化的企业文化理论提供了重要的思想基础。

（二） 经济背景

第二次世界大战之后，世界经济的发展呈现出新的特点，日本仅用了 30 年的时间发展成为了世界第二大经济体，其强大的经济实力对美国和西欧形成了巨大的挑战，引起了世界的极大关注。美国学者的研究发现，传统的注重理性主义的科学管理，并不利于激发人的创造性，而日本企业的目标、战略、价值观念、行为方式、道德规范等精神因素却在激励人们能动性和创造性方面效果显著。

威廉·大内（William G. Ouchi）的《Z 理论》（1981）、帕斯卡尔（Richard T.Pascal）和阿索斯（Thony G. Athos）的《日本企业的艺术管理》（1982）、特伦斯·迪尔（TerenceE. Deal）和阿伦·肯尼迪（Allan A.Kenned）的《企业文化》以及托马斯·彼得斯（Thomas J. Peters）与小罗伯特·沃特曼（Robert H. Waterman）的《追求卓越》（1982）则主要从企业文化的角度进行解释，认为日本胜出的原因就在于对事关人的价值、规范和精神的企业文化等软性因素的强调，从而掀起了风靡全球的企业文化研究浪潮。

（三） 实践背景

除了思想背景和经济背景之外，诸多新的管理实践问题也呼唤能够突破理性主义管理弊端的新理论诞生。这些新的实践问题主要有：一是人们的追求由物质世界过渡到精神领域。另一方面，物质的丰富又一定程度上源于人们高强度、高密度的工作，生活节奏的加快不可避免的导致休闲娱乐时间的减少，要求工作本身带给人们更多的精神满足。二是严苛的制度管理对于脑力劳动者效果并不理想。机器大工业的发展将人们从繁重的体力劳动中解放出来，企业重体力劳动者的比例骤减，脑力劳动者迅速增加。传统的基于理性主义的严苛的制度管理并不为知识工作者所接受，如果仍然坚持这种管理模式，只能降低企业的整体效率。三是企业之间的激烈竞争导致员工的流动性增加。员工比以往任何时候都面临更多的就业机会和选择余地，如何留住核心员工对任何组织都是一项巨大的挑战。四是组织结构的变化要求员工进行自我管理。劳动分工的深化和科技进步不断强化组织的扁平化和网络化趋势，组织结构的变化在减少管理人员数量的同时，也给予员工更多的自我管理权限。但自我管理并不自动提高员工的积极性和创造性，它

必须依赖明确的目标指引、高尚的价值观感召和优秀道德规范的自律。

上述管理实践问题的解决都指向特别强调组织使命、目标、价值观念、行为方式、道德规范等精神因素的组织文化理论。

（四） 理论背景

追溯组织文化的理论渊源，很容易发现这一理论并非突然兴起，而是管理理论自然演进的必然产物。

泰勒的科学管理理论其实就蕴含着某些组织文化理论的思想。他强调科学管理的核心是提高劳动生产率，但科学管理的实质是"伟大的心理革命"。只是由于泰勒本人对劳动者的心理因素分析不够以及后来者对科学管理的方法、原则、制度和组织结构的过于关注，使人们忽略了泰勒对心理因素的强调。

梅奥主导的霍桑实验发现了工人的心理因素和社会因素对工作效率的影响，开创了人际关系学说，将管理研究的重点由"硬性"的物质环境引入"软性"的心理环境，并为组织氛围的研究提供理论启示和基础。1952 年勒温提出了组织氛围这一概念，开创了 20 世纪五六十年代组织氛围研究的兴盛时期。这一时期先后出现了哈尔平和克罗夫特的组织氛围描述理论、斯特恩的组织氛围"社会力量"架构理论、利克特的组织氛围"管理四系统"理论以及塔邱力组织氛围分类理论。

事实上，最早提出组织文化的概念学者也的确是最早研究组织氛围的学者。1970 年美国波士顿大学组织行为学教授 S.M.戴维斯在《比较管理—组织文化展望》一书中首次提出组织文化概念。德鲁克 1971 年指出"管理也是文化"。1980 年美国《商业周刊》以醒目的封面标题报道"组织文化"问题，此后《斯隆管理评论》《哈佛商业评论》《加州管理评论》《管理评论》等权威期刊也都有突出的篇幅讨论过组织文化问题。这一时期理论界和实业界都对组织文化的存在达成了共识。

此外，沙因有关心理契约的研究以及霍夫斯坦德有关跨文化管理的研究，也都为组织文化理论的提出和研究奠定了重要基础。

由此可见，组织文化的研究有着深厚的理论基础和悠长的研究前奏，1981 至 1982 年涌现的美国组织文化研究的"四重奏"只不过是这一理论形成的"导火索"。

三、 组织文化含义

对组织文化定义的认同是理解组织文化的基础，"文化是什么"与"如何研究文化"这两个问题不可分割。为了清晰地理解组织文化相关知识，非常有必要先来认识其定义。

"文化"一词在中国有着悠远的历史，翻阅古书可觅其踪影：汉代刘向《说苑·指武条》言："凡武之兴，谓不服也，文化不改，然后加诛。"《易经》曰："文明以止，人文也。观乎天文，以察时变；观乎人文，以化成天下。"南齐王融《曲承诗序》道："设神理以景俗，敷文化以柔远。"晋代束晳《补亡》诗云："文化内辑，武功外悠。"以上文化的含义可用《辞源》的解释理解，文化是"文治和教化"，这与今天对文化的定义有着相当区别。

Culture 一词来源于拉丁语的 Cultura，Cultura 又来源于 Colere 的过去分词 Cultus。Colere 的基本含义是"耕种、培育；修饰、打扮；景仰、崇拜、祭祀"，而现代意义的 Culture 包含三层含义：物质生产实践和教养、从精神上享受物质生产实践和教养的成果、信仰。1871 年，英国"人类学之父"爱德华·泰勒在《原始文化》一书中将文化定义为"是一个复杂的总体，包括知识、信仰、艺术、法律、道德、风俗，以及人类所获得的才能和习惯"，这个定义被认为是经典定义。

随着西方学者对日本企业的研究，在文化概念的基础上，提出组织文化一词。组织文化（Organizational Culture）作为专业术语，来自于西方，在英文文献中还出现了 Corporate Culture、Enterprise Culture、Firm Culture、Company Culture、BusinessCulture 等词，描述的都是相近的概念。

组织文化包括文化、信仰、价值观、核心价值观等，组织文化是一个企业所要信奉的主要价值观。组织文化是在社会大文化环境影响下，组织在适应外界环境和整合内部的过程中获取，由少数人倡导并得到全体成员认同和实践所形成的价值观、信仰追求、道德规范、行为准则、经营特色、管理风格、传统习惯等的总和。

四、 组织文化的结构

组织文化的结构，是指各个要素如何结合起来，形成组织文化的整体模式。认清组织文化的结构，有利于我们进一步地理解组织文化。划分组织文化结构的方法有很多种，在此大致介绍几种主流的划分方法。

根据形成途径划分为内化结构和外化结构。内化结构指组织成员的心理状态，包括对价值、目标、技能、市场活动等方面的基本看法。外化结构指组织管理行为习惯，包括管理方式和经营方式，如组织结构、规章制度、人际关系、公共关系、行为习惯等。

根据表现形式划分为显性结构和隐性结构。显性结构是组织文化中以精神的物化产品为表现形式，能被人们直观感受到的内容，如厂房设施、企业形象、产品、经营方式等。隐性结构是存在于成员观念中的价值观、道德规范、企业精神、企业哲学等。

根据文化层次划分为精神层、行为层和物质层。精神层包括价值观、道德规范、企业精神、企业哲学等；行为层包括企业目标、企业制度、企业民主、人际关系等；物质层包括企业环境、机器设备、企业产品、企业标识等。

在上一种划分方式的基础上进一步细分，组织文化分为精神层、制度层、行为层、物质层。这种划分方式更为清晰，受到广泛推崇，本节按此划分，进一步说明组织文化的构成。

（一）精神层

精神层是在一定社会文化背景下，在生产经营过程中产生，长期形成的一种精神成果和文化观念，包括价值观、企业精神、企业思维、企业理念、企业哲学等，是企业意识形态的总和。这些概念在运用过程中常常混淆。

价值观是组织的基本观念及信念，是组织文化的核心。价值观指导人们有意识、有目的地选择某种行为，是判断行为对错、价值大小的总的看法和根本观点。

企业精神是全体成员达成共识的内心态度、意志状况、思想境界和理想追求等意识形态的概括和总结。

企业思维是全体成员认同的思考问题的方式或思路。

企业理念是企业经营管理和服务活动中的指导性观念，包括产品理念、人才理念、生产理念、技术理念、营销理念、决策理念等。

企业哲学是企业在生产、经营、管理过程中表现出来的世界观和方法论，是企业进行各种活动、处理各种关系所遵循的总体观点和综合方法。

精神层中的各种要素相区别而又相联系，它们共同决定了企业的意识形态。

（二） 制度层

制度层，主要是指组织在进行生产经营管理时所制定的、起规范作用的管理制度、管理方法和管理政策以及由此而构成的管理氛围。制度层的要素是严格而规范的，具有强制性，明确地告诉成员该不该做、如何做等。制度层是精神层的反映，将精神层的各种观点和方法以制度的形式表现出来，是对精神文化的认可和加强。同时，制度层通过行为层得以实现，起到约束和激发员工行为的作用。制度文化是精神文化和行为文化的中介，它反映了精神文化，并作用于行为文化。

（三） 行为层

行为层是组织成员在生产经营、学习娱乐活动中产生的，是精神层和制度层的动态体现，包括组织经营、教育宣传、人际关系活动、文娱体育活动中的文化现象。只要是组织成员，因为受到长期熏陶，他的行为在一定程度上必然折射出组织的文化。根据成员行为产生影响的程度，可以划分出组织领导行为、组织模范人物行为和组织一般成员行为。成员间的行为可以相互影响，因此领导者和模范人物应该意识到自己的带头作用，注意自己的一言一行。同时，每个成员的行为都反映了组织的文化，在与外界联系时，他们的言行已代表了组织形象。

（四） 物质层

物质层是组织成员创造的产品或服务以及各种物质设施等构成的器物文化，以物质形态为主要表现。物质层主要包括产品和服务、组织环境、组织外部特征。产品和服务是组织生产经营的成果，是物质层的首要内容，因为它以最终成果的形式展现组织文化。组织环境指组织存在的物质环境，包括建筑物、机器设备、福利设施等，这些实物长期存在，它的设计思想、维护情况、改善状况都能反映一个组织的文化。组织外部特征直接向公众展现组织形象，包括组织标志、标语、标准色彩等，树立鲜明的组织形象，具有识别的作用。

五、 组织文化功能

（一） 组织文化的激励功能

组织文化的激励作用是指组织文化本身所具有的通过各组成要素来激发员工动机与潜在的作用，它属于精神激励的范畴。具体来说，组织文化能够满足员工的精神需要，调动员工的精神力量，使他们产生归属感、自尊感和成就感，从而充分发挥他们的巨大潜力。组织文化能够对员工产生激励作用，其原因主要是：首先，优良的组织文化能够为员工提供一个好的组织环境。如果一个组织拥有良好的组织文化，那么它内部人际环境就比较和谐。员工能够以良好的心态进行工作，各种纠纷比较少，工作绩效自然提高。其次。优良的组织文化能够满足员工的精神需求，起到精神激励的作用。美国心理学家赫兹伯格认为，只有从人的内部进行激励才能真正调动人的积极性，恰当的精神激励比许多物质激励更有效、更持久。组织文化能够综合发挥目标激励、奖惩激励等多种激励手段的作用，从而有效激发出企业内部各部门和所有员工的积极性。

（二） 组织文化的凝聚功能

组织文化是一种"软性"的协调力和黏合剂，形成巨大的向心力和凝聚力。组织文化以大量微妙的方式来沟通组织内部人们的思想，使组织成员在统一的思想和价值观指导下，产生对作为组织成员的"身份感"和"使命感"，产生对组织目标、道德规范、行为准则、经营观念等的"认同感"。同时在组织氛围的作用下，使组织成员通过自身的感受，产生对于本职工作的"自豪感"和对组织的"归属感"，使组织成员乐于参与组织的事务，发挥各自的潜能，为组织目标做出贡献。因此，出色的组织文化所营造的人文环境，对员工的吸引力，是其他吸引物无法比拟的，它打动的是员工的心。正所谓"留人先留心"，建立一支长期稳定的、有战斗力、凝聚力的团队，必须依靠组织文化战略来支撑。

（三） 组织文化的导向功能

组织文化作为员工的共同价值观念一旦形成，就产生一种思维定式，必然对员工具有强烈的感召力，这种感召力将员工逐步引导到组织的目标上来。企业提倡什么，抵制什么，员工的注意力也就转向什么。这种功能往往在组织文化形成的初期就已经存在，并将长期地引导员工始终不渝地为实现组织的目标而努力。

当组织文化在整个组织内部成为一种强势文化以后，其对于员工的影响力也就越大，组织文化通过一系列管理行为来体现，如企业战略目标的透明性，内部分配机制的公平性等，均能反映一个企业所倡导的价值观，其员工的行为也就越发自然。例如闻名世界的日本松下公司，在经营活动中比较注意组织文化的导向作用，使得员工自觉地将组织文化作为企业前进的方向，引导企业不断地向着某一方向发展。

（四） 组织文化的规范功能

在一个特定的组织文化氛围中，组织文化可以起到有效的规范作用。组织文化的规范功能主要体现在如下三个方面：

1．组织文化能够规范、统一组织的外部形象；

2．组织文化能够规范公司的组织制度，让员工行为规范化；

3．可以让组织的全体员工产生一致的精神信仰，把个人和组织的发展目标进行有效的结合。组织文化的规范功能是通过员工自身感受而产生的认同心理过程而实现的，它不同于外部的强制机制，组织文化通过员工的内省，产生一种自律意识，从而自我遵守组织管理的各种规定，例如厂规、厂纪等。自律意识比强制机制有优势的地方在于员工是心甘情愿地接受无形的、非正式的和不成文的行为准则，自觉地接受组织文化的规范和约束，并按照价值观念的指导进行自我管理和控制。

（五） 组织文化的协调功能

组织文化的协调功能就是指，组织文化可以强化成员之间的合作，信任和团结，培养亲近感、信任感和归属感，从而促进组织内部各个部门、个体与个体之间、个体与群体之间、群体与组织之间、员工与组织之间的有机配合。

六、 我国组织文化分析

一些在市场竞争中脱颖而出的企业在建立现代企业制度的同时，也培育了各具特质的企业文化，其中的佼佼者有海尔、万科等。但在总体上，我国企业文化的发展现阶段尚处于较低层次，企业文化大多是传统文化在企业中的缩影，企业文化的培养缺乏系统理论的指导，以企业价值观为核心的企业文化尚不成熟。这

其中的问题主要在于：

1．盲目追求企业文化的形式，忽略了其内涵。目前我国企业文化建设中最突出的问题就是盲目追求企业文化的形式，而忽略了企业文化的内涵。有些企业模仿外资企业管理的一些形式，热衷于打广告、喊口号、统一服装、统一标志，有些企业还直接请企业文化策划公司做 CI（Corporate Identity，企业形象）设计，认为这样就是塑造企业文化。固然这些都是塑造企业文化的一些做法，但是，由于多数企业忽略了在这些形式下面的内涵和基础，因此就给人一种误导，似乎企业文化就是企业开展的宣传活动或企业形象设计。根据组织文化权威艾德佳·沙因给企业文化所划分的层次，企业的文化活动和企业 CI 形象设计都属于企业文化最表层的表现方式。如果只有表层的形式而未表现出内在价值与理念，这样的企业文化是没有意义的，难以持续的，所以不能形成文化推动力，对企业的发展产生不了深远的影响。

2．企业文化雷同，个性化特色不突出。企业文化不是标准统一的模式，而是在某一特定文化背景下企业独具特色的管理模式。然而许多企业的企业文化都大体相似，缺乏鲜明的个性特色和独特的风格。事实上，每个企业的构成成分不同，发展经历不同，管理模式也不同，所以其对市场做出反应的策略和处理内部冲突的方式都会有自己的特点，不可能完全雷同。企业文化的形式可以是标准化的，但其侧重点、其价值内涵和企业文化的类型都存在差异，因此，企业文化应彰显个性化特色。

3．政治思想式的企业文化。许多大型企业已经把企业文化建设作为企业工作的重要内容积极推进，而且设立了企业文化部，有的将其列入企业发展规划。但相当一部分企业存在着把思想政治工作与企业文化建设混为一谈的现象，缺乏渗透力和实效性。政治思想式的企业文化观点根深蒂固，甚至有人将这点归纳为中国企业文化的一大特色。企业文化依然带有政治色彩，重视人的"集体性"，压抑人的想象力和创造力，这也是为什么很多员工都认为企业文化是形式主义、是务虚的最直接原因。

七、 组织文化特点

（一） 文化性

是组织文化区别于组织其他内容的根本点，也是最明显、最重要的特征之一。组织文化是以文化的形式表现的。在一个组织中，以不同的形式展现其活动内容。如护士的制服和燕式帽，代表护理专业的特征，体现了护士特有的精神风貌，是一种组织文化。

（二） 综合性

组织文化作为一种独特的文化，其内容渗透组织的各个方面。一个员工的价值观和服务理念不是组织文化的内容，而大部分员工共同的价值观、组织共同的"以人为本"的服务理念就是组织文化的一部分。

（三） 整合性

组织文化具有强大的凝聚力，具有调整员工思想行为的重要作用，使员工认识组织的共同目标和利益，使全体员工行为趋于一致，齐心协力，尽量减少内耗。

（四） 自觉性

组织文化是管理者、企业家、员工在总结经验教训的基础上提出组织文化理念，并应用于实践，从而培养、升华出高水平的组织文化，它是员工在高度自觉的努力下形成的，也是组织文化具有管理功能的前提条件。

（五） 实践性

组织文化的形成源于实践又服务于实践，作为一种实践工具而存在；另外，组织文化的内容与实践密不可分，因此，可以说组织文化是一种实践的文化。

八、 组织文化的重要性

一个组织的良性运转，依赖其成员的共同努力，而组织成员的价值取向、职业能力、敬业精神、团队意识等又直接影响着组织的发展状况。如果缺乏强劲的主导性组织文化，势必削弱组织的整体合力和协同效应，导致价值体系混乱，绩效评价失准，组织运转失调，成员行为失范，工作效能低下。

组织文化是组织成员的共同价值观体系。任何组织都有其不成文的、特定的文化，即一套核心的假设、理念和隐含的规则，并以此来规范工作环境中每位成员的日常行为。文化在组织中具有多种功能，如区别于其他组织的分界线作用，表达组织成员对组织的认同感，使组织成员不仅仅注重自我利益，更考虑到组织利益，有助于增强社会系统的稳定性等等。文化作为一种意义形成和控制机制，能够引导和转变成员的态度和行为，因为文化决定了游戏规则。

政府机关的组织文化有其特定的属性和成因，有其历史积淀和传承。但作为一个具体的组织，其组织文化并非一成不变。历史的发展、时代的变迁等，都会对组织产生潜移默化的影响，而组织中高层管理人员的价值观，甚至其言行举止对组织文化也都有着重要的影响。

一个有效的领导者的首要任务就是设计和维持一个能够有助于下属取得工作业绩的工作环境，营造组织文化气氛，并通过制度化建设培养和创建组织文化。组织文化越强，就越用不着费心落实规章制度来规范成员的行为。因为组织成员在接受组织文化的时候，其规章制度就已经内化在他们心中了。组织文化形成以后，组织的管理措施如评优评先、绩效评估、奖优惩劣、教育培训以及提拔晋升，都可以通过向成员提供一系列相似的价值判断和价值取向，从而起到维系、强化组织文化的作用。组织成员要想得到组织的承认，就必须接受组织主导文化所蕴含的价值标准。因此，积极的组织文化和消极的组织文化对组织的影响是不言而喻的。

第二节　组织文化建设

一、　组织文化构建

组织文化实质上是一个以新的思想观念及行为方式战胜旧的思想观念及行为方式的过程，因此，新的思想观念必须经过广泛宣传、反复灌输才能逐步被组织成员所接受。参照迪尔和肯尼迪将组织文化概括为的五个要素，即组织环境、价值观、英雄人物、文化仪式和文化网络；这五个要素一般为组织文化构建的必备要素。

（一） 组织文化提炼原则

1. 凸现自身特色，不一味效仿。组织在文化建设过程中，要结合自己组织的特点，培育自己特有的、有个性的文化，同时，组织文化还要随着社会、组织自身的变化而不断做出调整，不断进行文化的创新，为组织文化建设注入新鲜血液，增强组织文化的活力，最大限度的发挥组织文化的推动作用。在提炼组织文化的过程中切忌一味模仿、照搬其他组织的文化，不同的组织文化适用于不同的组织，不同的组织有着其特殊的发展背景以及内部关系，因此生搬硬套并非是建设组织文化的出路。

2. 注重组织成员认同，避免绝对的"领导文化"。组织的文化往往是组织领导自己故事的提炼和升华，这本身并没有错，但如果组织领导忽视和组织成员的沟通，没有充分考虑组织成员的需要，组织成员不能完全认同领导文化，则会导致组织成员失去对组织文化的共鸣，组织文化也就失去了它的意义。组织文化在某种程度上是一个组织成员与组织互相选择的过程，因此在提炼组织文化的过程中，领导班子要特别注意所提炼的文化要得到成员的认同，只有这样组织文化才有可能推行下去。

3. 在组织文化建立初期突出重点、循序渐进。组织文化在建立初期对于组织成员来说是一个新概念，此时不宜引入过多概念，如将组织价值观、使命、愿景、宗旨、精神和经营理念一并引入时，则会导致组织文化内容过多。如此将加大组织成员接受组织文化的难度，另外将导致组织领导在建立组织文化的过程中失去重点，产生贪多嚼不烂的现象。因此，组织文化建立初期，组织的领导层要注意先将组织文化中最精髓的部分予以提炼，灌输。待组织文化在组织中有一定基础后再进行对内容的创新与调整，做到步步为营，循序渐进。

（二） 组织文化构建原则

1. 组织文化建立要向成员思想深处开去，避免只停留在表层。组织文化的建立要通过各种形式使成员在思想上认同、接受组织文化。并且领导的带头作用需要长期坚持才能够不断地对组织成员进行刺激与巩固。切忌使组织文化只停留在表面的形式上，如仅仅制作了组织的口号、标志等外在形象。却没有真正地将文化内涵落实到组织成员的心灵深处。

2．注重"人本"。建立"人本"工作体系，提高组织的整体绩效。21 世纪，人们越来越重视自身价值的实现，组织和工作不仅仅是组织成员安身立命的场所和手段，更是人们发挥自己创造性、实现个人潜力的舞台。组织必须转变观念，尊重组织成员的个人价值和发展需求，将组织的目标和个人的目标结合起来，以人为本，设计出最为合理的工作体系，为组织成员提供全面的发展；使传统的工作系统向人本工作系统转换，以提高组织的整体绩效。

3．注意循序渐进，不断创新。在组织文化建立初期，组织文化对于组织成员还是一个新概念。因此组织成员接受起来需要一个过程。正如组织文化提炼过程中的原则一样，在组织文化建立初期，应重点建立所提炼的精髓，避免贪多贪全。在建立组织文化的过程中也是一样，领导层在灌输组织文化的时候应循序渐进。待现有组织文化被大多数成员接受了以后，再对组织文化的项目进行扩充。因此组织的领导班子也应注意在恰当的时候对组织文化的内容进行创新。

（三） 组织文化构建的战略

1．与组织成员达成组织文化认同。用传授或活动等方式向员工传授组织文化，并取得其对组织文化的认同。员工认同组织文化是组织文化得以发挥作用的基础。

2．定期评选、表彰英雄人物以引导组织成员。英雄人物是指组织文化的核心人物或组织文化的人格化，其作用在于作为一种活的样板，给组织中其他组织成员提供可供仿效的榜样，对组织文化的形成和强化起着极为重要的作用。如每季度或每年评选出每个单项或各方面优秀的英雄人物或英雄部门。并给予英雄人物及部门精神以及物质奖励。在全体大会上让英雄人物与组织成员分享进步心得等。通过这种激励方式，促进全体成员对组织文化的认可与追随。

3．强化文化仪式。文化仪式是指组织内的各种表彰、奖励活动、聚会以及文娱活动等，它可以把组织中发生的某些事情戏剧化和形象化，来生动的宣传和体现本组织的价值观，使人们通过这些生动活泼的活动来领会组织文化的内涵，使组织文化"寓教于乐"之中。如谱写会歌，在集体活动前朗诵或默诵组织文化，能够加强组织成员对组织文化的忠诚度以及团队荣誉感。又如定期开展素质拓展活动，将组织文化渗透于素质拓展活动中。但切忌将组织文化过度仪式化，导致外强中干，甚至引发组织成员的抵触情绪。

4. 适当增加或更新组织文化中的项目及内容。在现有组织文化贯彻落实良好的基础上，适当增加组织文化中的项目或者更新组织文化的内容。使得组织文化能够顺应时代的发展、组织的发展，真正起到推动组织发展的作用。

组织文化的构建对于一个组织的组织成员忠诚度，组织凝聚力以及组织的发展有着至关重要的作用。然而每一个组织都有其不同之处，因此组织文化的建立应该在向成功组织学习的同时，注重组织文化的提炼与挖掘，避免照搬照抄。然而在组织文化建立的过程中我们应尽量避免组织文化仅仅是老板文化以及仅将组织文化的建立停留在建立表层文化上。在提炼出适合自己的组织文化后，组织干部层可结合组织的自身特点，通过表层的 VI 识别系统；到浅层的组织成员对组织文化的沟通、理解；再到进一层的通过各种活动或奖惩制度渗透组织文化于组织成员；最后达到将组织文化变为组织成员自身信仰。然而组织文化的建立并非是一蹴而就的，它在耐力上需要组织中的领导、干部的不断引导，全体组织成员的不断配合；在时间上需要组织文化在组织中的各个方面进行渗透；在财力上需要组织领导对于建立组织文化的各项活动进行经费支持等。但当合适的组织文化一经建立，它对于组织的福祉将会是持续不断的。在企业的软管理方面，组织文化势必起到决定性的作用，同时也为提高企业竞争力，注入无形的巨大的力量。

参考文献

[1]张铁男，李晶蕾，金振声.论具有现代意识的组织文化[J].学术交流，2011（11）：106—109.

[2]罗仲伟，黄群慧，张承耀.21世纪组织文化论坛观点综述[J].中国特色社会主义研究，2014（5）：61-63.

[3]埃德加·H.沙因.企业文化与领导[M].朱明伟，等译.北京：中国友谊出版社，2014：7.

[4]袁凌.西方企业文化理论的兴起与我国企业文化模式的重构[J].国外财经，2014（4）：110-111.

[5]韩巍，张含宇.组织文化方法的选择[J].当代经济科学，2015（5）：53.

[6]特雷斯·E.迪尔，阿伦·A.肯尼迪.企业文化：现代企业的精神支柱[M].唐铁军，叶永青译.上海：上海科学技术文献出版社，2013：5.

[7]李查德·帕斯卡尔，安东尼·阿索斯.日本的管理艺术[M].张宏译.北京：科学技术文献出版社，2010：5.

[8]托马斯·彼得斯，罗伯特·沃特曼.追求卓越：美国杰出企业成功的秘诀[M].天下译.北京：光明日报出版社，2013：8.

[9]石伟.组织文化（第2版）[M].上海：复旦大学出版社，2010：104-105.

[10][美]埃德加·沙因.组织文化与领导力：如何以最有效的方式认识和打造组织[M].马红宇译.北京：中国人民大学出版社，2011:106-107.

[11]中国文化管理学会编.中国组织（企业）文化优秀成果案例集[M].北京：北京图书馆出版社，2014:108-109.

[12]黎群.试论企业文化的形成机制与建设[J].北京交通大学学报，2014（10）：64-68.